U0917466

点亮艺术之眼

——伟大的博物馆

伟大的博物馆

米兰
斯福尔扎古堡博物馆

Musei del Castello Sforzesco Milano

［意大利］马蒂诺·阿斯托尔菲　编著
钱　璨　译

译林出版社

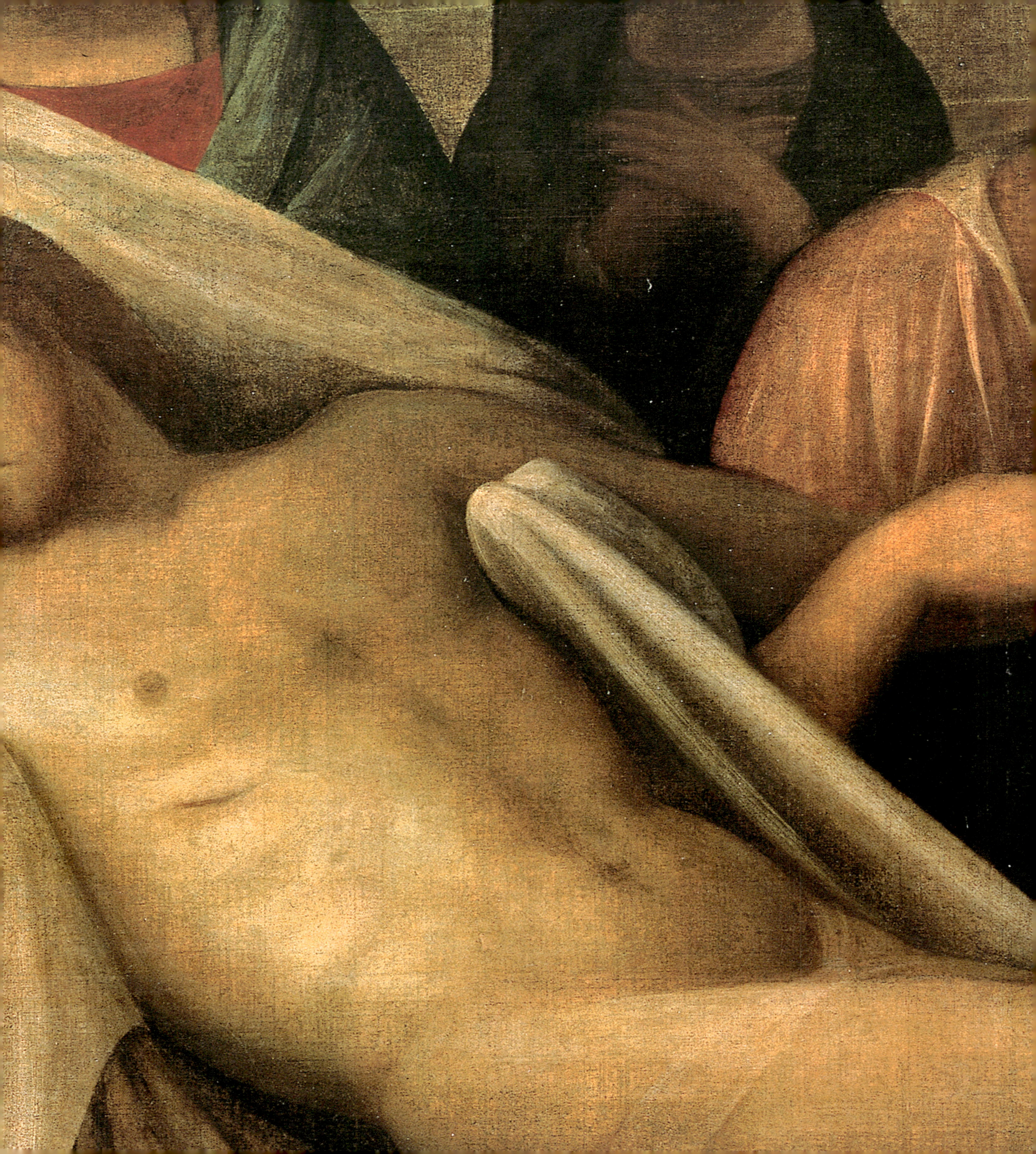

目　录

前 言

19 世纪末，目光短浅的意大利米兰政府发布了一则令人难以置信的消息——他们计划拆除米兰斯福尔扎古堡。彼时，这座被深深打上奥地利统治时期可耻烙印的城堡（朱塞佩·弗朗切斯科的部队曾在这里驻扎），已经变成了一座濒临倒塌的、残破不堪的小城堡，彻底沦为一座营房。当然，把这里毁了之后，政府就可以对这最珍贵的几块土地重新规划，其中就包括城堡内曾经的练兵场，如今的森皮奥公园。

面对政府的此项计划，建筑师卢卡·贝特拉米无法保持镇定。他想：这是怎么回事？他们是要毁了米兰的这座城堡吗？那么，维斯康蒂和斯福尔扎这两大家族的历史将被安放于何处？而曾在这里生活和工作过的列奥纳多·达·芬奇呢，又该何去何从？于是，贝特拉米决定抗争。他对斯福尔扎古堡进行了详尽的研究，然后带着坚定的信念去面对市议会上那些只为拆除斯福尔扎古堡而举行得如火如荼的主题会议。他反复陈述和解释，甚至不惜在会议上抬高嗓门，与反对者针锋相对。总之，他捍卫了自己的立场，并最终说服了他们——斯福尔扎古堡得以保留，它将被修复并归还米兰。然而，这并不是最终的结果。贝特拉米承担了修复工作，他将这座城堡周边的西班牙堡垒夷为平地，留下了兼具中世纪和文艺复兴风格的城堡中心，并重建了城堡入口处的菲拉雷特塔楼——这座塔楼早在 1521 年就被炸成了碎片。

贝特拉米修复了城堡内圆柱形的塔楼（其内部隐藏着两个巨大的现代水箱），重新设计了城墙和护城河，复原了哥特式的窗户及以壁画和雕刻为主的装饰艺术，并整修了城堡的庭院。凭借着对还原“历史”的严苛和满腔热忱，贝特拉米试图用他的方式再现摩尔人卢多维科时期的奢华。

终于，他做到了。不得不承认，某些历史事件也帮上了大忙。当时，意大利实现统一不过十几年，亚平宁半岛的城市间正掀起一股为当地历史和公民荣誉而战的革新风潮。

于是，在米兰，有些有名气的收藏家便开始将自己各式各样的收藏品捐赠给市政机构，这种行为由拉希托·瓜斯科尼于 1864 年发起，一直持续到 20 世纪末，并在当时形成了一股风潮。在这些捐赠品中，有不少作品来自废弃的或是因扩建而拆除的教会场所。

显然，这（庞大的）修复后的斯福尔扎古堡将会是用来存放公民荣誉的新博物馆的理想之地。因此，它可以名正言顺地接受来自各方捐赠的书画、家具、雕塑、织物、乐器、木乃伊、盔甲等。所有这些赠品，都被恰当地安放在历经岁月却依旧闪耀着斯福尔扎古堡金色光芒的地方：从绘满本博画室壁画的公爵小教堂到天才列奥纳多·达·芬奇装饰的天轴厅。

斯福尔扎古堡博物馆于 1900 年 5 月 10 日正式对外开放，这并不意味着捐赠活动到此为止，而是迎来了一个新的开端。无论是贵族还是老百姓，学者还是官员，再次投入“丰富馆藏品”的竞争中。于是，福帕、曼特尼亚、利皮、乔瓦尼·贝利尼、布拉曼蒂诺、洛伦佐·洛托、科雷焦、提香、提埃波罗的作品齐聚一堂。1952 年，米兰政府意外购得了米开朗琪罗的遗作《隆达尼尼的圣殇》，博物馆决定将其单独展示在一个展厅内，为此重新规划博物馆，让拥有丰富藏品的美术馆的布局变得合理且显得十分必要。距今最近的一次整修可以追溯到 2005 年春。近年来，其他一些轰动于世的作品也让斯福尔扎古堡的藏品变得更为丰富。例如，18 世纪中叶贝尔纳多·贝洛托在米兰逗留时所创作的风景画《朱利康素蒂宫和米兰市政厅》，以及安东内罗·达·美西纳的木板油画《圣本笃》——一幅残缺的祭坛画的一部分，是费代里科·泽里在意大利的一个古玩市场里发现的。对米兰人来说，得到安东内罗·达·美西纳的一幅画正是“报复”他本人的一个绝好机会。1476 年，加莱阿佐公爵曾试图聘请安东内罗·达·美西纳为大公院的画师，但这位西西里的大师当时更倾向于去威尼斯工作，而不是米兰。于是，米兰人民“复仇”的机会来了：“安东内罗·达·美西纳”现在不得不端坐在米兰斯福尔扎古堡里。

马可·卡尔米纳蒂

米兰斯福尔扎古堡博物馆

斯福尔扎古堡博物馆是在对现有建筑群进行不断改造的基础上产生的，在漫长的几个世纪里，出于其自身的需求和各不相同的用途，它经历了无数次扩建、拆毁和修复。现在，它当之无愧地成了一座极具价值和美感的展览馆，尽管其中的许多藏品还并不为大众所瞩目，甚至部分藏品连艺术爱好者和鉴赏者也鲜有关注。

究其原因，首先，要从历史的角度回顾一下该建筑的诞生及促使其成为博物馆的那些历史事件和个别原因；其次，还应考虑到博物馆的学术目的和未来对建筑架构及布置进行修整的意义——既更能够让身处其中的参观者充分受到这些名作的艺术熏陶，同时还可以展示米兰活跃的文化氛围。因此，这座市立博物馆内陈列类目繁多的收藏品恰恰是它的特别之处，也正是这个特点使其在整个意大利乃至欧洲“独一无二”。

在经历了驱逐巴巴罗萨（1167 年，见“罗马门浮雕”）和签订《康斯坦茨和约》（1183 年）之后，米兰正式被神圣罗马帝国承认。于是，为了谋取对米兰的掌控权，当地两个家族展开了激烈的争斗。韦尔巴诺地区富有的地主维斯康蒂家族最终占了上风，并加入了新生的市政府，从此便与城堡的历史密不可分地联系在了一起。

14 世纪中叶以后，复杂的朝代更迭将这个王国变成了贝尔纳波（见《贝尔纳波 · 维斯康蒂的墓碑》）和加莱阿佐 · 维斯康蒂二世的势力范围。他们在米兰中世纪城墙的其中一个门——“焦维亚门”附近建造了自己的防御要塞“焦维斯城堡门”，该要塞构成了斯福尔扎古堡的原始内核（1368 年）。居高临下的战略优势让维斯康蒂家族的继承者们顺利地扩张了他们的第一个小堡垒，并依此建立了外部城堡，而在建筑过程中，竟还得到了佛罗伦萨著名建筑师布鲁内莱斯基的指点（1422 年至 1423 年和 1431 年至 1436 年）。

如今我们所看到的城堡的规模和结构，基本保留了繁荣时期的模样，这一切都归功于以僭主身份来到米兰的雇佣兵首领弗朗切斯科·斯福尔扎（1450 年）。这位新一代公爵在原有城堡的基础上进行了扩建，他下令将城堡的外围城墙往外延伸，形成边长近 180 米的方形轮廓，同时在城墙的四角修建了四座尖塔。除此之外，他还在城堡内部的入口附近修建了一个宽广的练兵场，并将城堡内较小的两个处所罗凯塔院和大公院连接在一起，前者在战争时做照明和发射信号的堡垒使用，后者为公爵起居和办公的地方，这两处可以说得上是当时整个城堡的防御和政治中心。

接下来的工作便集中在修建城堡的正立面上。由于其直接面向整座城市，为了展现出斯福尔扎家族的奢华与权势，公爵聘请了佛罗伦萨建筑师菲拉雷特主持修建了中央钟楼，故其也被称为菲拉雷特塔楼；同时聘请巴尔托洛梅奥·加迪奥设计了两座圆柱形实心城塔。

鉴于这座城堡的安全性和稳固性，继承人加莱阿佐·马利亚决定永久居住在这里，为此他放弃了自己的老宅阿伦戈宫。彼时，城堡对面的大教堂即将开建。加莱阿佐·马利亚对城堡的贡献主要集中在建筑的装饰方面，他提出要让宅邸显得庄严。于是，他召集了当时有名的艺术家对城堡进行

约安尼斯·鲁克斯双键盘威金琴
约 1660

装修，其中有福帕、克雷莫纳画家本博兄弟（见“公爵小教堂”），还有建筑师贝内德托·费里尼。让大公院变得无比高雅的是 1472 年修建的连拱廊和公爵套房，每一间都修建了极为雅致的带有纹章的回廊穹隆，而文艺复兴式的拱廊则让硬邦邦的罗凯塔院显得优雅了不少。不过，倾注其最大心血的还是公爵小教堂的修建（1473 年），前后花了近一年时间才完工。

1476 年，摩尔人卢多维科上台，实施了他的文化政策，并对这座城堡进行了最终也是最重要的修饰，例如聘请布拉曼特精心绘制了百眼巨人，可能还包括优雅的小桥的设计；另有史料记载，列奥纳多·达·芬奇也参与了很多工作，其中包括对天轴厅的描绘和装饰。

随着法国统治者（1499 年）、西班牙统治者（1535 年）和奥地利统治者（1706 年）的入侵，斯福尔扎古堡恢复了其原始的军事功能，并成为被抢劫、破坏和为防御而重修的对象。1521 年 6 月，菲拉雷特塔楼在一次雷电引起的爆炸中倒塌，只剩下光秃秃的前立面。于是，西班牙政府修复了原始形态的城墙，并在城堡周围修建了星形防御堡垒。

朱塞佩·马焦里尼屉柜
1773

让·巴蒂斯特·格乐兹《与小黑狗玩耍的小女孩》
1769

18 世纪末，斯福尔扎古堡从亲法国的米兰人的革命狂潮中得以幸存，虽然米兰人认为这是奥地利“专制最后的残余”，并想要将其推倒。拿破仑征服意大利后，城堡周边出现了显著变化，但从城市规划的角度来看，周边这些建筑是路易吉·卡诺尼卡、乔瓦尼·安托利尼、路易吉·卡尼奥拉等建筑师们所表现出来的雄心和理想。如今，它们中得以保存下来的只有和平拱门。

当时，这些建筑终结了维斯康蒂家族古老狩猎场的生命，并通过一张森皮奥大街的设计图指出了谁才是这个城市新的导演。在奥地利复辟的那段时期，斯福尔扎古堡成了一座军营（1815 至 1859 年）。

让这个饱经风霜的城堡成为博物馆的历史性时刻发生在意大利统一十多年后。米兰政府购得古堡，将其命名为“斯福尔扎”，意图将它打造成集博物馆、图书馆及其他功能于一体的文化场所，一切改造工作（1893 至 1906 年）由建筑师卢卡·贝特拉米负责。自此，对城堡的“历史修复”工

17 世纪北欧画家《拿帽子的男孩肖像画》
1625—1650

贝尔戈尼奥内《圣本笃的施舍》
1490

作便开始了，这也意味着几百年来堆叠在城堡之上的那些时代的痕迹都将不复存在。

城堡将被恢复到15世纪晚期的模样。于是，他们拆除了西班牙人修建的防御堡垒的残存，修复了罗凯塔院、圆柱形的城塔及斑驳的隐约可见原始装修的内厅，并重建了菲拉雷特塔楼。

对于米兰来说，是否建立一座市立博物馆，数十年来都颇受市民关注。1874年，在大众花园的“大厅”成功举办的大型应用艺术展彻底揭示了拥有一个适合举办大型展览场所的重要性，但之后“市立艺术博物馆”在“大厅”的开设（1878年）又让人们意识到这个地点不合适。

在坦齐、卢奇尼·帕萨拉克、蓬蒂和维斯康蒂家族的慷慨捐赠下，1881至1912年间，艺术藏品的数量迅猛增长，这让人们将目光投向了正在修复的斯福尔扎古堡。短短几年内，这里相继举行了多场艺术收藏品与米兰历史展的开幕式，改造后的大公院和罗凯塔院变身为“市立艺术和考古博物馆”，并于1900年5月正式对外开放，展出此前收藏于“大厅”（译者注：即“市立艺术博物馆”。）和布雷拉宫的作品，这让当时艺术展的举办达到了前所未有的高度。

此后，收归公有后的历史古迹、贵族宅邸的藏品以及由于保存不善而断裂的壁画（例如卢伊尼的《海格力斯和阿特拉斯》）丰富了这座博物馆的馆藏。如果说 1910 至 1911 年间，莫拉的收藏品，特别是他的家具，给应用艺术的收藏品增添了新的活力的话，那 1935 年获得阿尔贝里科・特里乌尔齐奥王子的收藏品，则具有“伟大的里程碑”意义。在这笔丰富的捐赠之后，又陆续有一些其他收获，但最具非凡意义的当属 1952 年购得的米开朗琪罗的遗作《隆达尼尼的圣殇》。

在 1943 年的炮火中，所有艺术品因被储藏在地下室而得以保存，城堡中唯一损毁严重的地方是罗凯塔院和吉安・加莱阿佐的凉廊。

20 世纪 50 年代，由科斯坦蒂诺・巴罗尼负责的 BBPR 建筑事务所（名字取自事务所班菲、贝尔焦约索、佩雷苏蒂、罗杰斯这四位建筑师成员姓氏的首字母）对博物馆进行了彻底修整。他们基于博物馆学领域研究最先进的原理，对建筑结构进行了静态加固，并对那些在摆放方面存在历史和学术问题的作品进行了调整。1954 至 1956 年，他们对位于大公院内的“市立古代艺术藏品展”进行了优化，随后对罗凯塔院其中一侧的维护工作则一直持续到了 1963 年。以对米开朗琪罗《隆达尼尼的圣殇》这件作品的处理为例，其原本被安放在一个双层壁龛内，外层被颜色鲜明的石材包裹，内层用橄榄木镶嵌，基于对作品尺寸的考虑，该雕塑是微陷于地面之下的。但建筑师们认为，这件作品与纯伦巴第风格的其他收藏品摆放在一起是不协调的，因此他们建议为这座雕塑独辟一地，以期引发参观者的惊叹与沉思。BBPR 建筑事务所对博物馆的部分设计一直被保留到今天，如今，在位于大公院一层的雕塑博物馆（展厅 1—15）内，那些发掘于或产自伦巴第地区的雕塑作品被按照远古、中世纪及更成熟的文艺复兴时期的顺序依次展示；同时该层还设有公爵小教堂（展厅 12）和兵器收藏品展（展厅 14）。

大公院二层设有家具展和美术馆，但它最近成了重新定义展览空间的对象，这种改变将不可避免地打破在常规展览与传统博物馆学理论之间选择的平衡。之所以这样改变，原因在于以往遵循传统博物馆学理论的展出使展品无法体现出它应有的内涵。

2004 年，家具展（展厅 16—19）由佩里・金和桑蒂亚戈・米兰达两位建筑师重新规划布置，最终向人们展示了包括挂毯、金银器、陶器及壁画残片等在内的丰富藏品，同时包含家具零件及伦巴第风格木雕等，共计 2000 余件。

美术馆（展厅 20—25）于 2005 年春季重新对公众开放。在对它的重新规划中，除了将新购置

梅尔基奥雷・格拉尔迪尼
（小切拉诺）《圣卡洛》
1632

的卡纳莱托的对称画、安东内罗·达·美西纳的《圣本笃》和贝洛托的油画加入其中外，还主动融入了从公众评论中获取的新观点和对伦巴第艺术文化的更深的认识。

建筑师毛罗·纳塔莱和劳拉·巴索将一种革新理念应用到了展品的布置中。在他们心里，美术馆的藏品不再仅仅是单纯的画作，于是他们决定将木质浅浮雕（如特罗尼亚诺大师的《耶稣诞生》雕塑）、纪念奖章、大理石和陶土雕塑也加入其中，以便更好地诠释不同时代的艺术文化背景并提醒人们多种艺术之间的共生性。否则，这些代表不同艺术形态的作品仍将被放置于古堡博物馆的各个角落里。

受博物馆负责人的委托，瓦尔特·帕尔米耶里对藏品的展览形式进行了设计。一方面，他将展品以时间进程的顺序来陈列，这样更有利于“凝聚作品的活力”；另一方面，又兼顾年代相隔甚远的这些作品之间表面的联系，这些关联使得来自伦巴第地区的不同文化之间产生了强烈的碰撞。此外，他还考虑到了古堡辉煌的外观带给每个个体的感官体验这个重要因素。

沿着“市立古代艺术藏品展”指示牌下方的展品往前走，可以通往罗凯塔院，即“市立应用艺术和雕刻藏品展”的所在地。该展区经过 BBPR 建筑事务所的规划布局之后，于 1963 年再次向公众开放。为了展示所谓的“小众艺术”，展厅被划分为多个区域，而每个区域都有一个特定的类别，可以多层次、多角度地呈现伦巴第地区的艺术作品。

位于古堡内的乐器博物馆（展厅 35—37）建于 1963 年，在欧洲博物馆中占据重要地位，拥有 900 多件藏品。在同一层的“跳舞厅”（展厅 37）内，陈列着较为珍贵的挂毯藏品，其中就有布拉曼蒂诺著名的《月历图挂毯》。

罗凯塔院二层是“应用艺术展”展区（展厅 27—32），除专辟 27 号展厅陈列蒙扎城堡被拆毁的大门上的坎皮奥内瑟流派（译者注：坎皮奥内瑟流派并不是以艺术家的名字命名的，该流派所有的艺术家均来自意大利坎皮奥内市。）的雕像外，藏品还包括玻璃制品与铁艺（展厅 28）、陶雕（展厅 29）、意大利花饰陶器（展厅 30）及意大利和外国瓷器（展厅 31）。32 号展厅内的收藏品极为丰富和珍贵，包括伦巴第、威尼斯和欧洲的手工金银器、珐琅、青铜器、无比重要的象牙制品，其中不乏世界闻名的作品（见“奥托一世家族长方形象牙雕”）。此外，还有古老的科学仪器，如伽利略使用过的指南针。

本书博物馆概况中未能详尽描述的还有以下博物馆：考古和古钱币博物馆，该博物馆分为史前展和古埃及展；阿基莱·贝尔塔雷利印刷品收藏博物馆，该博物馆创始人阿基莱·贝尔塔雷利是一位多才多艺的收藏家和学者，这个博物馆中保存着他捐献给古堡的20万件收藏品，其中包括关于古代历史档案和文艺复兴时期博物馆的书籍及其他捐赠品。此外，这里还保存着普雷韦达里著名的铜版画。

卡纳莱托《面向造币厂的码头及圣特奥多罗柱》
1735

最后提到的这些博物馆更全面地展示了斯福尔扎古堡博物馆在艺术收藏上的广阔视野，以及多姿多彩的伦巴第地区辉煌的艺术文化。对斯福尔扎博物馆本身而言，它也从单纯的储存收藏品的“保险柜博物馆”成了如今的“可居住的博物馆”，藏品在这里找到了它们最终的归宿。

米兰斯福尔扎古堡博物馆　主要馆藏

拜占庭艺术

狄奥多拉皇后的头像 6世纪

大理石
高 27cm
1864年收藏于斯福尔扎古堡

狄奥多拉头上戴的这顶王冠象征着神圣的皇权，其上镶嵌的大量宝石（现已丢失）使得该作品更加光彩夺目。

狄奥多拉皇后的头像于19世纪60年代在米兰圣普里莫中央大街附近的老纳维利区被发现，和它一同被发掘出来的还有其他文物，但它的位置与其他物品有一定距离。这尊头像在文物界引起了广泛的研究和讨论，并由此产生了许多不同的猜想，其中的一些结论甚至完全相反。有对年代的确认，一说是公元4世纪，一说是公元6世纪；还有一些是对来源地的确定。最新的研究表明，这是一件完成于公元6世纪的非常重要的拜占庭艺术作品。它的精妙之处在于其对人物面部的刻画，庄严而高雅的神态，眉毛下张开的双目，高挺的鼻子，还有东方风格的头饰，无一不展现出东方艺术的神韵。

根据流传下来的说法，人们非常肯定这是狄奥多拉皇后——拜占庭帝国查士丁尼一世的妻子——的头像。她生活在公元6世纪上半叶，从一个过着荒淫生活的宫廷娼妓成为

拥有东罗马帝国（即拜占庭帝国）最高权势的人。她用开明的政策和对民生的关怀赢得了世人的尊重。

揭取的壁画
68 cm × 176 cm
来自孔卡·圣约翰教堂
1949 年收藏于斯福尔扎古堡

《十字架两边的鹿》6 世纪晚期

一头被描绘得生动灵巧的雄鹿正一步步向十字架靠近。从壁画的上半部分可以很清楚地看到，十字架的末端是逐渐向外延伸的，但横臂末端的这种延伸却几乎消失了，这主要是由于当时的修复技术还不够完善。

1949 年，为了修建现在的米索里广场而拆毁孔卡·圣约翰教堂时发掘出了一个墓穴，它位于教堂前立面附近的第四至第五根柱子之间。墓穴的墙面绘有两幅壁画，较长的一面绘的是我们提及的这件作品，较短的那一面绘制的则是壁画《棕榈树两边的小鸟》，现收藏于斯福尔扎古堡第一展厅，即秘书处内。两幅作品在风格上的相似度，以及两者间存在的那条绿色的接缝，印证了它们的同源性。

在这幅壁画中，右侧的雄鹿和在一旁观察的雌鹿将口鼻贴近它们之间的一个十字架，这个十字架破土而出，被玫瑰丛包围。在雄鹿的脖子下方有一块污迹，像是涌出的血液，但这种解释并没有得到所有研究人员的认同。事实上，仔细观察这处伤口就会发现，这头雄鹿并不一定就是祭祀品。此外，与其他早期基督教作品不一样的是，画中也看不到任何用来表现人们对基督的诉求得以满足的端倪，因此，这幅画仍然难以解读。但是，这件作品成熟的风格特点，例如恰当的明暗度给人物带来的立体感及生动活泼的描绘等，考虑到教堂建造的时间，学者们确定这幅壁画的创作年代应该在公元 6 世纪晚期。

伦巴第艺术

奥托一世家族长方形象牙雕 约 960

象牙
14 cm × 10 cm
1935 年收藏于斯福尔扎古堡

由于这部作品四周所刻文字的原因，研究者们对它的主题的解读容易多了，这是一件来自帝王之家的作品。作品的版面布局呈现出完美的对称：头顶带着光晕的基督坐在中央的宝座上，手中拿着一本福音书，作品上方边缘所刻的“IHS XPS”恰好证实了这一点。这两个混合着拉丁字母和希腊符号的缩写正是“耶稣基督”的意思。与两个天使一起站在基督身旁的是圣毛里佐奥和圣母玛利亚。在他们的下方，奥托一世一家虔诚地跪在地上，他们膝盖下方刻有“奥托大帝”的字样。学者们认为，这三个人分别是奥托大帝一世、皇后阿德莱伊德和皇位继承人奥托二世。曾有人对圣毛里佐奥的出现表示质疑，他们不能理解他出现在这组肖像内的含义。直到 20 世纪 50 年代，一个有趣的历史猜想将几个人联系到了一起，才使得人们渐渐打消了这个疑虑：公元 965 年，奥托一世大帝曾在圣毛里佐奥修道院短暂逗留。

在大多数评论家眼中，象牙雕代表了伦巴第地区，准确来说是米兰地区雕刻技艺的纯熟；同时它也暗示了奥托统治时期意大利北方地区艺术的极端集中和成熟。

圣人奇普里亚诺和朱斯蒂娜的圣骨盒 10 世纪第三个 25 年

银轧花、雕刻、部分镀金
27.3 cm × 29.6 cm × 21.5 cm
1953 年收藏于斯福尔扎古堡

圣骨盒为一个平行六面体，盖子呈倒三棱柱形。在过去的十几个世纪里，盒子的一些地方被重新修补过。其中，盒子的铜质边缘和三角隔层带有显著的中世纪晚期的工匠风格，此外还有盒锁以及盒内包裹着红色丝绒布的镶板。盒面的银制浅浮雕依然保留着最初的做工，上面表现了圣人奇普里亚诺和朱斯蒂娜的生活，以及他们在戴克里先大帝的迫害下殉难的情景。圣骨盒六个面的场景各不相同：朱斯塔驱逐异教徒奇普里亚诺，与安提约基雅主教的对话，两位圣人被施以在沸腾的沥青里烹煮的酷刑，奇普里亚诺在尼科美底亚被斩首，在空中受到迎接的两位圣人以及四个天使簇拥下的耶稣。专业人士指出，根据当时的普遍做法，场景的排列并非按照因果关系，而是在各个场景的主题和意义之间做了一个平衡的布局。

这个圣骨盒最初由特里乌尔齐奥收藏，后由卡拉特的古董商加利转手卖给了斯福尔扎古堡，现作为该城堡金银器收藏品的一部分。从它出现的那一刻起，学者们便对它的造型给予了很高的评价，并确定它的工艺出自伦巴第地区，完成时间大约在公元 10 世纪末期。

伦巴第艺术

罗马门浮雕 约1171

石制

《米兰人重返家园》47 cm × 175 cm × 185 cm

《驱逐雅利安人》71 cm × 220 cm × 96 cm

1895年收藏于斯福尔扎古堡

大约在公元12世纪中叶，由于人口的增长和经济的发展，米兰修建了新的围墙。1158年，当时的米兰城被巴巴罗萨大帝率军包围，政府不得不选择投降。然而，米兰人民奋起反抗，组成了著名的“伦巴第联盟”，最终获得了城市的独立。经历了这些事情以后，人们开始重新修筑被损坏的围墙和城门，其中就包括我们现在所看到的罗马门。

罗马门为双拱结构，穹顶与立柱浑然一体，上面有许多纪念性的浮雕作品。右拱基座位置的两处浮雕分别是《米兰人重返家园》和《驱逐雅利安人》，讲述的是城市文明的历史与荣耀，具有纪念和警示意义。这两件浮雕分别由吉拉尔多和安塞尔莫创作，表现了神态完全相反的两组人物。第一组人物感念于上帝的恩德，在与巴巴罗萨的战斗中取得了胜利，欢欣鼓舞地回到米兰；第二组人物则是被驱逐的犹太人和雅利安人，在安布罗斯主教的劝说下，郁郁寡欢地离开米兰。虽然浮雕中人物的动作略显僵硬，但其粗犷的造型极具表现力且不失活力。

安特拉米大师

《三贤士来朝》12 世纪末

大理石
61 cm × 108 cm
1948 年收藏于斯福尔扎古堡

这块残缺的大理石石雕展现的是朝拜队伍中三贤士的形象，因此可以想象到完整的作品应该呈长条形。石雕左侧，两个贤士在侍从与马的陪伴下庄重地步行前进，而在大理石右侧，虽然形象不够清晰，仍隐约可见另一个情景，石雕边缘的那位贤士正在向初生的耶稣献礼——初生的耶稣这个形象虽已遗失，但他在此处的存在并不难想象。

这件石雕作品是在 1948 年的文物发掘中被发现的，发掘地点是米兰大教堂其中一根立柱的下面，很有可能属于米兰的老天主教堂圣玛利亚马焦雷教堂的一组雕刻。无论从风格还是雕工来看，这件作品都无疑是一件上乘之作。其雕刻手法接近圆雕，仔细观察三贤士的衣摆可以发现，创作者用大量的刀工刻画了衣服的纹理和褶皱，细致地表现了三贤士衣着的讲究与华丽。画面的生动和协调来自对人物之间关系的表现以及对他们在画面中所处不同位置的设置：前两位贤士正在交谈，他们的手指向耶稣，而第三位已在恭敬地向初生的耶稣献礼。通过这种叙事的风格特点，以及与帕尔马洗礼堂内《月份劳作图》的部分雕塑风格的相似性，可以判断出这件作品与安特拉米流派的早期作品接近。

伦巴第艺术

《天使报喜》13 世纪末

为了将壁画从米兰孔卡·圣约翰教堂的拱顶墙壁上揭取下来，不得不将这幅《天使报喜》分割为两个部分。但它们之间原有的统一性依然能够从一致的风格和底部的装饰图案中辨别出来。金发天使出现在连拱廊檐下，高举着手臂向童贞玛利亚致以问候。他身着色彩柔和的白袍，与彩绘过的屋檐形成明暗对比。童贞玛利亚则身着深蓝色衣服和红色斗篷，微微垂着头，站立着接受天使的问候。她站在一间小庙中，身边不远处隐约可见一个庄重的宝座，四周柱子的顶端还装饰有美丽的花卉。

揭取的壁画
天使：390 cm × 187 cm
童贞玛利亚：365 cm × 187 cm
来自米兰孔卡・圣约翰教堂　1951 年收藏于斯福尔扎古堡

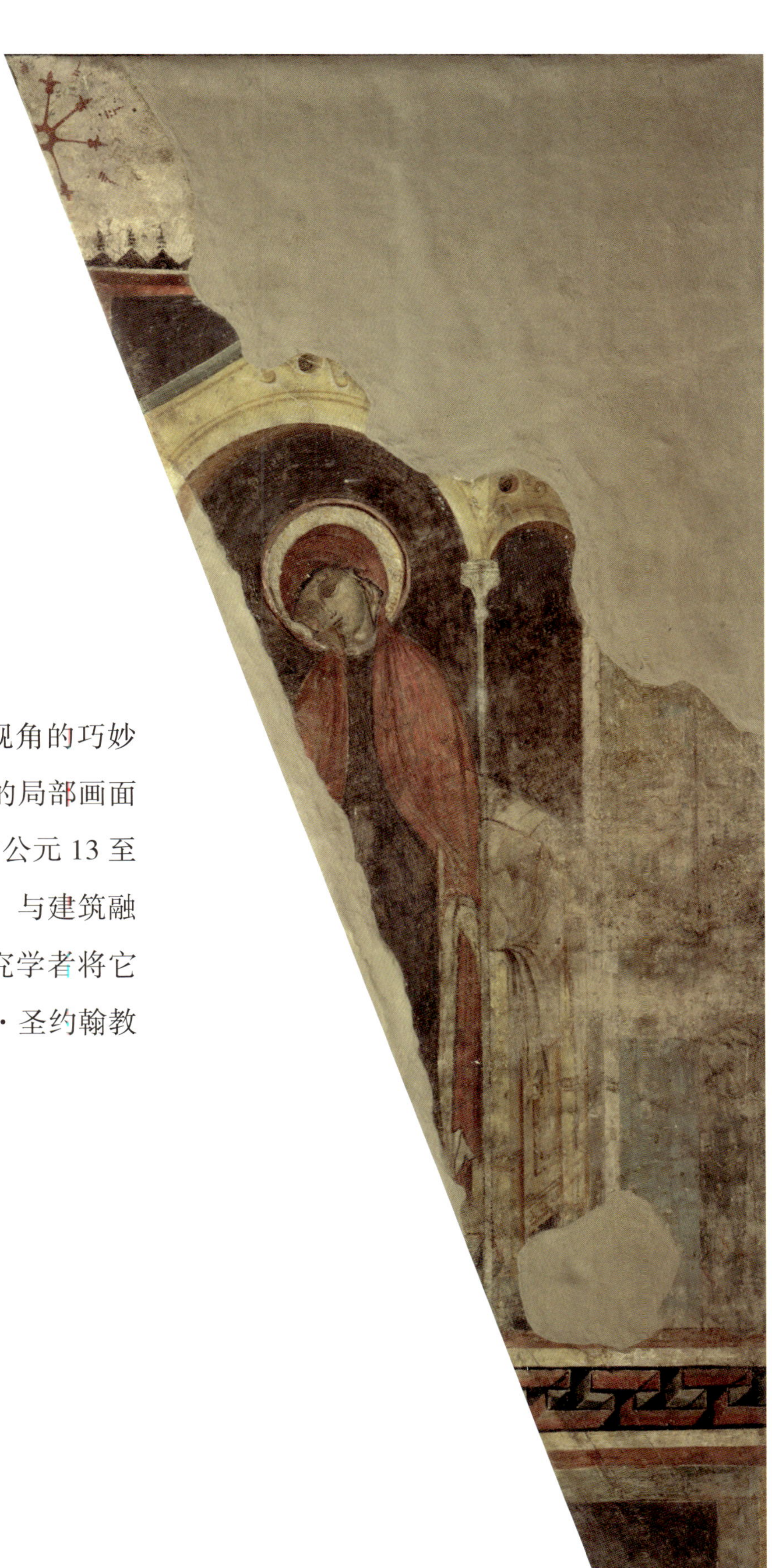

而在所描绘的建筑中也无疑体现了一种“多视角的巧妙结合”。尽管有部分缺失和损坏，壁画群保留下来的局部画面依然展现出作品的精美绝伦，例如天使的面容，与公元 13 至 14 世纪的米兰艺术风格接近。画中人物体态优雅，与建筑融合的特点也十分鲜明，正是因为这一点，现代研究学者将它的年代确定在公元 13 世纪末，它也被认为是孔卡・圣约翰教堂哥特式复兴艺术成熟的代表作。

《圣约翰的故事》14 世纪下半叶

这组壁画来自孔卡·圣约翰教堂靠近祭坛位置的北面墙壁，1949 年被揭取并保存在城堡内的“市立古代艺术藏品展”区域。壁画描绘了福音书作者圣约翰的一些生活片段，这座教堂也是为纪念他而修建的。不过，从这些不完整的壁画残片中，我们无法看清人物的模样。壁画的边缘勾勒有科斯马风格的细边花，这种对大理石镶嵌艺术的模拟是乔托画派和罗马工匠的典型特征。壁画的底部绘有一条虚拟的大理石嵌缝，可以让壁画呈现出一种立体的嵌在墙内的感觉。

揭取的壁画
424/464 cm × 180/62 cm
来自米兰孔卡·圣约翰教堂
1951 年收藏于斯福尔扎古堡

虽然这些壁画多少都有些残缺，但无论是对背景建筑的描绘，还是对人物表情的刻画，都体现出一种神奇的立体感，让人处处感受到色彩微妙变化的运用和对细节处的写实，这些细节之处都有迹可循。

贝尔纳波·维斯康蒂极有可能是这组壁画的订购人，他对孔卡·圣约翰教堂有着不小的贡献，因为这座教堂内还收藏有他的墓碑（见《贝尔纳波·维斯康蒂的墓碑》）。于是，在发现这些壁画的时候，学者们一眼就认出这是维斯康蒂时期的作品。通过与同时期的其他壁画进行对比，最终确定了它们的年代。此外，需要指出的是，壁画人物的风格与乔托的一些画稿十分相似。

来自坎皮奥内的博尼诺

《贝尔纳波·维斯康蒂的墓碑》1363—1385

大理石
600 cm × 260 cm × 144 cm
孔卡·圣约翰教堂
1808 年收藏于斯福尔扎古堡

这件闻名遐迩的纪念贝尔纳波·维斯康蒂的雕塑作品也来自孔卡·圣约翰教堂，最初它被陈列在教堂后殿。雕塑分为两个部分，分别在不同时期雕刻完成。据当时的文献资料记载，骑马者雕像应该是在 1363 年前完成的，由米兰公爵贝尔纳波·维斯康蒂订制。在这一年，彼得罗·阿扎里奥写完了《编年史》中的历史故事，里面提到了这座骑马者的雕像及它旁边的另外两个雕像。石棺则是后来添上去的：1385 年，贝尔纳波·维斯康蒂的侄子，同时也是他的女婿，加莱阿佐·维斯康蒂将他软禁起来，并极有可能将他杀害了。随后，加莱阿佐便订制了这个石棺，雕像由此变成了贝尔纳波·维斯康蒂的墓碑。

石棺由几块用过的大理石板组成，博尼诺将它们组合在一起，用小罗马柱将石棺抬高，并雕刻了一组小雕像，而骑马者雕像中贝尔纳波原先戴着头盔的头像也被替换成了现在的这个。同维罗纳圣玛利亚安缇卡教堂门前的斯卡拉墓碑一样，这件作品也成了博尼诺艺术生涯中的特例，原因在于他主要创作简单的墙内嵌入墓龛。此外，这件雕塑作品在风格上有着很明显的断层，应该经历了长时间的精心雕琢和多次的中断。

骑马者的姿态与马匹沉稳的步伐传递出一种“生人勿近”的冷酷，展现了贝尔纳波·维斯康蒂的高贵与庄重。创作者通过对一些细节的渲染，对人物面部表情的刻画，以及凭借保留下来的原始色彩，还原了一个朝气蓬勃的人物形象。

马镫下的两个雕像，一个代表着力量，他的身旁有一头狮子；另一个代表着公正，他的手中拿着一个天平。根据当时的传统，表示美德的、圣人的形象或是耶稣的生活场景，往往与逝者的塑像放在一起，这证明了个人与宗教之间存在着密切的关系。

在大理石板两侧的方柱内，雕刻的人像分别是圣格雷戈里奥和圣杰罗拉莫，而中间的那块区域，在一个又窄又长的写字桌后面的四个人物，可以根据传统的“四象征物”辨认出是四位福音书的作者：带着老鹰的是圣约翰，带着狮子的是圣马可，带着公牛的是圣路加，带着天使的是圣马太，这里的天使可能已经丢失了。

洛伦佐·韦内齐亚诺

《耶稣复活》1371

木板蛋彩画
119 cm × 74 cm
来自米兰帕特里奥博物馆
1899 年收藏于斯福尔扎古堡

这幅木板蛋彩画是一组祭坛画的中间部分，祭坛画上还画有圣彼得和圣马可，它们现陈列于威尼斯学院美术馆。这幅作品原属于丝绸艺术办事处，它是当时最富有、最有权势的一个商务司法部门，负责与东方进行丝绸制品的交易。而作品归属于韦内齐亚诺则得益于罗伯特·隆吉（1947 年），他将属于同一组祭坛画的三幅木板蛋彩画重新拼在了一起。

这幅木板蛋彩画的主题是耶稣复活，是根据中世纪肖像特点描绘的。耶稣一只脚威严地踩在石棺上，右手为祝福的手势，左手举着一面胜利的旗帜。在他脚下，士兵的神态被捕捉得十分传神，其中一个还在睡梦中，另一个似乎刚刚被正在发生的一幕唤醒。整个画面被来自耶稣身体的强烈光芒以及服饰与景色的神奇色彩笼罩。人物的造型、衣服和盔甲上精致的装饰，以及对局部的细致渲染，使得这幅作品与乔托的艺术风格十分接近。虽然威尼斯画派的作品总是以拜占庭艺术手法表现周围环境，但这幅画却不一样，它更像是与帕多瓦的一位画家瓜里恩托有某种联系的大师之作。写实的笔触，如对士兵姿态的刻画，又与博洛尼亚画派风格接近。

金色长发的耶稣微微低着头，用一种骄傲与坚定的眼神注视着观画者。他的衣服和斗篷的做工十分精致：衣服以红色和玫瑰色为底，镶嵌金色的花纹；斗篷为象牙白色，饰有蓝色的花朵。从衣襟侧面的开口处与他赐福的手，可以看到耶稣受难时所受的创伤。

这里采用了乔托作品中使用过的一种很受欢迎的绘画模式，即利用岩石作为背景。在这幅作品中，作为背景的左右两堆岩石将前景中的场景包围了起来。在右边这块岩石背景中，悬崖下方的墓被打开了一个不规则的洞口，而山上则点缀着几棵果树和几丛小灌木，这与哥特式手法那种丰富且专注细节描述的特点相符。

左边的士兵在耶稣复活的强烈光芒中醒来：他似乎是突然被唤醒的，不耐烦地用手揉着惺忪的眼睛，而他的同伴们依然无动于衷地睡着。韦内齐亚诺创造了一幅极其活泼而富有想象力的叙事场景。

菲利普·利皮

《怀抱圣子的圣母、圣人和天使》(《谦卑的圣母》)
1429—1432

移至画布上的木板蛋彩画
62 cm × 167.5 cm
来自路易吉·阿尔贝里科·特里乌尔茨奥的收藏品
1935 年收藏于斯福尔扎古堡

这幅作品来自佛罗伦萨卡尔米内教堂中的一个祭坛，作者可能是修士画师菲利普·利皮。他从小就在圣阿尔贝托兄弟会里学画，这样的经历为他的肖像画增添了一种传神与逼真的特点。如在这幅作品中，谦卑的圣母坐在草地上，她的周围是一群天使，天使们有着孩童般灵动的眼神，他们中的一些人是加尔默罗会的圣人，例如来自利卡塔的天使，他的头被一把刀刺伤。此外，还有手中拿着百合的西西里的阿尔贝托。从这幅蛋彩画的形状可以判断出，它曾位于 13 世纪时期某个祭坛的正面，并且它的作用极有可能是替换祭台上旧的尖角画屏。

虽然将这幅作品移至画布上的过程在一定程度上损害了画的品质，但画中对人物立体感的渲染、圣人之间亲密融洽关系的表现依然值得欣赏。圣母玛利亚和圣子被描绘得逼真与传神，仿佛在邀请观画者参与到画中。尽管这是利皮早期的作品之一，但颜色的通透、衣服的褶皱表现得相当成熟，如画面左边的赐福天使的头纱。此外，他笔下的人物表情丰富，画面色彩的运用也十分高明。这些特点使得利皮与佛罗伦萨文艺复兴艺术的大环境，特别是与马萨乔和多纳泰罗两位领军人物之间形成了必要的呼应。

伦巴第艺术

沃盖拉的圣体显供台 1456

银浇铸件，雕刻，局部镀金、上釉
76.5 cm × 27 cm
1915 年收藏于斯福尔扎古堡

圣体显供台用于沃盖拉圣罗伦佐教堂重要的庆典和圣餐仪式，它是体现 15 世纪中叶伦巴第艺术杰出而丰富的有力证据，镌刻在底座的铭文恰好说明了作品的年代:“1456 年 5 月 26 日”。然而，它究竟出自哪个工匠或工作室便无从知晓了，评论家们唯一能够确定的是该作品出自伦巴第地区，但处于伦巴第的边界地带，因为它受到了与之接壤的威尼托地区的影响。

圣体显供台由六棱底座、盛放着至圣圣礼的神龛和镀金小“尖顶”三部分组成。这个“尖顶”是复活后的手举军旗的耶稣镀金像，在显供台的其他部分也装饰有圣人和天使的小雕像。有关研究非常准确地指出了一点，即对这件器物的打造，更优先考虑的是外形和结构，而非对细节的关注。从这个出发点来看，金银争辉的华丽外观就显得合情合理了。显供台结构精巧、协调，其上镶嵌的小窗提升了整体的景深，而数不尽的镂空让它显得熠熠生辉。另一方面，除去造型艺术本身对细节缺乏关注的特点，这件作品的宗教性质也决定了它在雕刻工艺上略显粗糙，比如显供台中间那些怪模怪样的只有轮廓的雕像。

阿戈斯蒂诺·迪·杜乔

《圣西吉斯蒙多的出行》1452 年以后

大理石
82 cm × 126 cm
来自里米尼科维尼亚诺奥利韦托山神甫基金会
1812 年收藏于斯福尔扎古堡

佛罗伦萨的雕塑家和建筑师阿戈斯蒂诺·迪·杜乔是托斯卡纳地区复兴文化的代言人，他的风格与多纳泰罗和米凯洛佐（见《美第奇银行大门》）接近，虽然有时他的作品仍带有一些后哥特式的风格。他的艺术作品几乎都是在意大利中北部完成的。1449 至 1456 年间，他受雇于当时非常有名的赞助人西吉斯蒙多·马拉泰斯塔，为他的“马拉泰斯宫殿”（译者注：即圣弗兰西斯科教堂，“马拉泰斯宫殿”这个称呼是在 19 世纪出现的，用来表示这一建筑物是纪念西吉斯蒙多的异教纪念碑。）做室内装修，当时负责该建筑“仿古”重建的是人文主义建筑师利昂纳·巴蒂斯塔·阿尔贝蒂。

我们正在解读的这件作品最初被陈列于圣西吉斯蒙多礼拜堂的祭坛之上，表现的是他的一次出行。他骑乘于画面左边的那匹马上，画面中间的传信天使在迎接他的到来。作品营造出一种古典而梦幻的氛围，画面中的人物仿佛在“翩翩起舞”，这种古罗马艺术风格正是当时里米尼地区所崇尚的。浮雕细腻且精妙，线条对形态的勾勒也十分精巧，天使宽大的衣服和画面右侧潺潺的流水均是通过浅浅的几笔线条表现出来的。这种技法让人想起多纳泰罗的浅浮雕，即在石头上雕刻非常浅的浮雕。浮雕薄到极致，是多纳泰罗所有作品中风格最为雅致的一种。这幅作品背景中依傍着山丘的城市便是浅浮雕技艺最有力的证明。

乔瓦尼·贝利尼

《圣母子》1460—1465

木板蛋彩画
78 cm × 50 cm
来自路易吉·阿尔贝里科·特里乌尔茨奥的收藏品
1935 年收藏于斯福尔扎古堡

圣母把圣子放在自己面前，右手慈爱地托着他，让他坐在大理石窗台上的垫子上。两个人物的关系充满了紧张感，因为他们都知道死去是耶稣的宿命：圣子手中握着的水果既是象征也是一种预兆。画中圣母与圣子的眼神望向不同的地方，贝利尼通过这显而易见的表情来表现这个悲剧——耶稣受难。

作品构图的立体空间感让人想起多纳泰罗“圣母子”主题的雕塑作品。窗台在与圣母所处位置不同的另一个空间内，画家意图通过从窗外投射进来的光线在窗台上映射出圣子小脚的影子，并将之与圣母垂在窗台外的袖口相互呼应，以此表现出这种空间感。在整个 20 世纪里，由于这幅画的肖像元素中呈现出的一些古老画风，人们一度认为其不是贝利尼的作品。但在近几年的研究中，研究者们又在其中发现了属于这位威尼托大师的某些艺术理念的核心标志，特别是与其第一位师父——贝利尼的父亲——相似的绘画笔调，因而又把这幅画列入了他早期的画作范畴。1999 年的那次修复发现了画作中他的签名，尽管有些支离破碎，但毫无疑问是当时的笔迹，甚至有可能是他的亲笔签名。

对圣母面孔的描绘十分细腻、优雅，其美丽的眼神中流露出淡淡的忧伤。艺术家选取了阿拉伯风格的光晕、自然垂下的宽松衣摆和拜占庭风格的头巾等古老的形象特征，这些装束让圣母看上去像一位贵族女子。

这幅画的登峰造极之处在于画作中央的位置，即圣母与圣子交织在一起并握住水果的手，凸显了二者在预知耶稣受难的奥义时所表现出来的紧张。同时，那个形似耶稣墓碑的窗台也在一定程度上预示了耶稣的受难。

这处细节是圣母的玫瑰色斗篷的一角，作者通过明暗法和折痕处的线条表现出斗篷的褶皱感。此外，无比精致的做工、带有植物图案的装饰、缀满珍珠的衣边等，一切就像佛兰芒人的油画那样，凸显了圣母贵族般的优雅气质。

贝内德托·本博

《托尔基亚拉祭坛画》1462

移至画布上的木板蛋彩画
不含祭台装饰屏下部的彩绘
123 cm × 229 cm × 25 cm
1936 年收藏于斯福尔扎古堡

这幅祭坛画与敬拜室以及《格利赛尔达的故事》的绘制，受到了当时帕尔马贵族、赞助人皮耶尔·马利亚·罗西的委托，这些作品都被他安放在他的托尔基亚拉城堡内。如今保存的原物是一组华丽精美的屏风画，中间较宽的一块表现的是坐在宝座上的圣母与圣子，他们的周围是一群天使。画框两边的圣人从左起分别是：安东尼奥·阿巴特、尼科梅德、亚历山大的凯瑟琳和彼得·马尔蒂雷。祭坛画下方的彩绘描绘的是耶稣的十二门徒。在祭坛画的主体部分，多彩的、纹理清晰的大理石底座连成一片，圣母与四位圣人协调、交汇的目光让他们仿佛处在同一幅画作中，丝毫没有受到金色框架的影响。

为公爵效力的贝内德托·本博当时活跃在米兰、克雷莫纳和帕维亚三地，受后哥特式文化气息的影响，正如这幅祭坛画所展现的纯熟流畅的线条和对织物及衣服褶皱精细的描绘一样；另一方面，受费拉拉艺术家们的影响，他的作品中也出现了新的风格，展现出了新的活力，比如大理石地板的光泽与千变万化，对人物面孔“几近怪异”的写实以及赋予人物造型个性化的明暗笔触。这幅作品上写有“贝内德托·本博于 1462 年……”，这是这位克雷莫纳画家留下的唯一资料。

这处细节展示的是祭坛画中间位置的圣母与圣子，前来朝圣的形态各异的天使让这幅木板蛋彩画显得丰满而华丽，圣母镶着金边的斗篷和包裹圣子的薄纱展现了极致的典雅与华贵。画面中圣子对圣母那个特别的表情则显示出来自费拉拉画派的艺术特色。

亚历山大的圣凯瑟琳的长袍上带有平行线似的褶皱，这种鲜有的造型在形式上更为接近哥特式的绘画风格。在这幅画作中，她手中的棕榈叶与脚下的礤轮均是象征其身份的一般性标志，衣服上的植物图案也被描绘得十分精致。

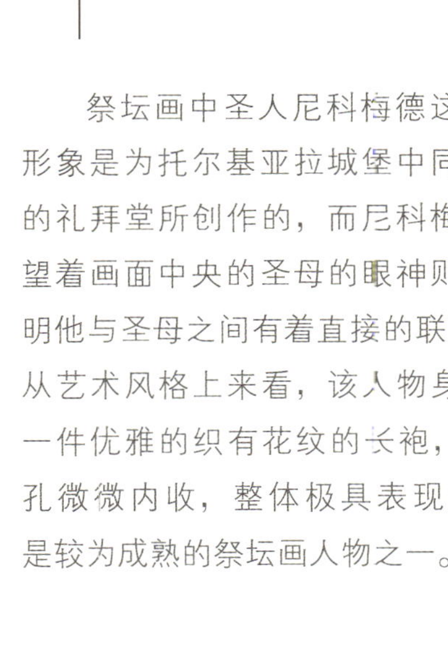

祭坛画中圣人尼科梅德这个形象是为托尔基亚拉城堡中同名的礼拜堂所创作的，而尼科梅德望着画面中央的圣母的眼神则表明他与圣母之间有着直接的联系。从艺术风格上来看，该人物身着一件优雅的织有花纹的长袍，脸孔微微内收，整体极具表现力，是较为成熟的祭坛画人物之一。

米凯洛佐（？ ）

《美第奇银行大门》约 1465

大理石

650 cm × 506 cm × 70 cm

1864 年收藏于斯福尔扎古堡

米凯洛佐生活在 15 世纪上半叶的佛罗伦萨，当时正是该城市文艺复兴的成熟阶段。15 世纪下半叶，当他来到伦巴第的时候，正值米兰与佛罗伦萨政治、文化结盟的时期。美第奇银行位于科马西纳门（译者注：今米兰加里波第门。）附近，始建于 1455 年，于 19 世纪中叶被拆毁。当时，弗朗切斯科・斯福尔扎想赠送一份产业给科西莫・德・美第奇，于是便为他建造了“汇兑银行”。这项工程采取重建形式，于 1461 年之前完成。

在该建筑留下的极少印记中，只有这个大门还保存完好（见《美第奇银行的半身像》）。大门为半圆拱的结构，由两边带有线形凹槽的壁柱支撑着横梁，横梁上摆放着象征米兰统治的徽章。美第奇银行建成后，米凯洛佐这种后中世纪风格的建筑模式受到了人们的追捧——在赤陶的门脸上嵌入一个这样的石制大门成为伦巴第地区每个公爵府的特色标志。最近，评论家们重新讨论了该作品的归属问题，他们认为此门出自另一位佛罗伦萨雕塑家、建筑师菲拉雷特之手，他从 1451 年开始参与斯福尔扎公爵府的修建。

最能体现 15 世纪米兰雕塑特点的便是大门上这条古典式的中楣，它的中间是一枚米兰徽章，徽章为圆盾形，被植物的枝蔓包裹，由两个长着翅膀的小天使托举着；中楣的两侧是两条月桂树下的灵缇，象征着弗朗切斯科・斯福尔扎辉煌的事业。

与拱门缘饰相切的两个圆形浮雕是古罗马此类皇家拱门的建筑传统，同时也是当时专门用于表示庆祝的装饰。图案是当时米兰的公爵弗朗切斯科・斯福尔扎和他的夫人比安卡・玛利亚。此外，半身侧面像也是古典风格浮雕的一种形式。

这处细节展示的是拱门壁柱的柱头，不寻常的是，在它与柱子之间还嵌入了一个多边形的徽章。尽管此处大理石雕刻的整体构思与托斯卡纳地区有关，但作品却带有明显的伦巴第风格，这一点反映在对微小细节装饰的注重上。

乔瓦尼·贝利尼

《诗人拉斐尔·佐文佐尼的肖像》（一名《桂冠诗人》）约 1467

木板油画
32 cm × 28 cm
1876 年收藏于斯福尔扎古堡

拉斐尔·佐文佐尼是一位来自特里雅斯特的诗人，生活在 15 世纪的威尼托地区。1467 年，他获得了腓特烈三世赐予的桂枝，这是当时流行的对人文主义文学家的嘉奖形式。然而，对人物身份和画家签名的确认至今还无法完成。19 世纪以来，这幅作品一直被认为是出自安东内罗·达·美西纳之手的《安德烈亚·曼特尼亚的肖像》。1932 年，罗伯特·隆吉提出这幅画出自乔瓦尼·贝利尼之手，并得到了广泛的认可。现存于米兰特里乌尔齐亚诺图书馆的拉斐尔·佐文佐尼的一封信件拉近了他与这幅肖像的距离。他的信中有一幅他自己面孔的画像，轮廓与油画中的肖像十分相似，在信中他还提到了一幅由这位威尼托画家创作的肖像画。

诗人被描绘成了人文主义知识分子的形象：穿着左肩上带有衣结的复古服饰，头顶上戴着的爱神木树枝做的桂冠。贝利尼对光的运用，很好地突出了人物的面部特征和表情，深色的背景和人物目光中流露出来的强烈情感与佛兰芒油画的某些特点很接近，这一切均源于贝利尼借鉴了活跃在威尼托地区的北欧艺术家们的作品特点。近来，评论家强调这些影响比较早，所以并没有融入由安东内罗·达·美西纳于 15 世纪 70 年代初才带到威尼斯艺术圈的新的艺术理念之中（见《圣本笃》）。

安东内罗·达·美西纳

《圣本笃》约 1470

木板油画
105 cm × 43.5 cm
1995 年收藏于斯福尔扎古堡

该作品是进一步展示安东内罗·达·美西纳伟大价值的力证，尽管从 19 世纪末以来，他总是被评论界认为不幸活在了安德烈亚·曼特尼亚的影子之下。

该油画是祭坛画（译者注:《教会圣师》。）的一部分，祭坛画最初的收藏者已无从考证，但它中间部分《圣母子》和左边部分《圣约翰》现仍收藏在佛罗伦萨乌菲齐画廊，而陈列于斯福尔扎古堡博物馆的这幅油画曾经摆在它们的右边。此外，巴勒莫阿巴特里斯宫博物馆收藏的三个塔尖上所绘的图案也被评论界认为有可能是祭坛画《教会圣师》中的三联画。关于这幅作品《圣本笃》，直到覆盖在其表面的那层 18 世纪时期的丑陋画作在最近的一次修复中被去除以后，它才得以重现光彩，其明丽的色调、强烈的光影受到了广泛的赞誉。这种看起来带有复古的感觉，如人物静止、停驻的特点，其实是受到一种新的绘画方式的影响，它使得圣本笃的形象显得更加庄重而刚毅。除了受到佛兰芒油画的影响以外，画中人物 45 度角侧身的构图、深邃的眼神以及对光线娴熟的运用，都非常接近皮耶罗·弗朗切斯科的作品。根据这些特点，人们基本可以判断，该作品完成于 15 世纪 70 年代左右。除此之外，烫金的底色及华丽服饰翻领上的装饰也让安东内罗·达·美西纳作品的画面变得更为丰满。

伦巴第工匠

公爵小教堂　1473

壁画
800 cm × 1195 cm
穹顶最高点 830 cm

米兰的第五位公爵加莱阿佐・马利亚・维斯康蒂决定搬进城堡里生活，于是他开始进行大规模的改建，试图将仍然保留着中世纪风格的小城堡改造成一座奢华的宫殿。公爵小教堂就是在此期间修建的，并在 1473 年由一批才艺非凡的伦巴第画家完成了壁画的绘制。据当时的文献资料记载，这些画家中包括斯特凡诺・费代利、戈塔尔多・斯科蒂和扎内托・布加托。此外，参与教堂装饰工作的还有博尼法乔・本博（绘制《托尔基亚拉祭坛画》的贝内德托・本博的兄弟），他承担的职责更像是组织者和创造者，教堂壁画中所绘制的这群人物正是来自他的设计。正如评论家们所明确指出的那样，将圣人绘制在墙壁的四周仍然是后哥特风格（并列、不成熟的透视感）的产物，相对于以成排形式出现的圣人，此种绘制形式具有一定的独特性。教堂的整体背景为金色，公爵建筑师费里尼在为教堂封顶时采用了回廊穹隆式的屋顶。

总体来说，该教堂的修建工作缺乏一个整体的构思和布局。除了刚才提到的绘在墙面四周的圣人外，还有描绘在穹顶与墙面交会的半圆上的《天使报喜》和一些斯福尔扎家族的纹章及铭文，而在拱顶上描绘的则是复活后的耶稣以及被天使包围的荣光中的耶稣。之后，在对城堡的整修（即建成博物馆）中，于底壁处安放了亚科皮诺・达・特拉达泰的作品《圣母子》。

伦巴第艺术家

《格利赛尔达的故事、行星与黄道十二宫中的符号》1474 年以后

揭取的壁画

735 cm × 743 cm

穹顶最高点 620 cm

这组壁画最初位于罗卡比安卡城堡西南角的一个塔室中，在 1897 至 1898 年间，它们被原封不动地揭取并安放在斯福尔扎古堡博物馆第 17 号展厅内，这个展厅甚至还原了最初塔室的样子。这组壁画是受贝尔切托・皮耶罗・马利亚・罗西（见“托尔基亚拉敬拜室”和祭坛画）公爵的委托绘制的。壁画在墙面上分两个区域展示了格利赛尔达的故事，而伞形的尖拱顶上所画的是天空中的星象。两者都是绿底灰色的单色画，这是在建筑和人物细节勾画上常用的颜色对照法。虽然壁画的某些部分有所脱落，比如原来的入口处和塔室南面的墙附近，但从整体上来看还是保存相当完好的。

格利赛尔达的故事取材于薄伽丘的小说《十日谈》。按照中世纪时期绘画的习惯，故事从靠近窗户的那个穹顶与墙面交会的半圆上开始，并以顺时针方向向前推进。不过，不同的观者所观看的角度也不是完全统一的。拱顶上的星象以较为罕见的人物形象出现，正中间的是用灰泥浅浮雕塑造的《正义的太阳》，它的周围是 20 个星宿、行星以及黄道十二宫的符号。迄今为止，星象图的作者依然是个谜，不过最新的研究明确了这幅画来源于伦巴第，并且与画家贝内德托・本博以及他所参考的帕多瓦和费拉拉的画风有关。

格利赛尔达是一个农村女孩，而瓜尔蒂耶里是萨卢佐的侯爵，他一时兴起，决定与格利赛尔达结婚，并对她进行了一系列的试探。这处细节表现的是这位乡绅带着备好鞍的马匹和随从来到格利赛尔达家门前，向她的父亲介绍自己。画家通过人头的叠加，将画面左侧的人群表现得仿佛无穷无尽似的。

这处细节展示的是瓜尔蒂耶里对格利赛尔达的一次试探。瓜尔蒂耶里告诉妻子，刚刚出生的女儿遭人厌恶，因此，格利赛尔达将被迫把孩子交给他的随从，尽管她知道这样做等待孩子的将是死亡。不过，最后的结局透露了丈夫的真实意图，他们与女儿重新团聚并和睦生活。

上述情节的场景设置在一间有两个相连木质拱门的屋内，地面采用具有透视效果的方砖，而墙壁和天花板则通过木质花格表现。虽然画家并没有更多地从全局的视野来考虑整个内部的布局，但他的这种设计还是或多或少地体现出了他在建筑方面所具备的专业知识。

sol
for. cancri
leo

维琴佐·福帕

《圣母子》(《读书的圣母》) 约 1475

木板蛋彩画
37.5 cm × 29.6 cm
1863 年收藏于斯福尔扎古堡

从这幅画的尺寸来看，它应是用于私人供奉的，画中的圣母与圣子显得十分亲昵。艺术家对画中的环境进行了透视处理，虽然这是必不可少的，但在那个时期却是难能可贵的。圣子所站立的窗台上安放着一个红色的框架，上面烫有金色的铭文："最神圣的玛利亚啊，你是世界上唯一圣洁的女子，你是那么温良贤淑，你孕育了耶稣。"这则祷告文在西斯笃四世时期（1471 至 1484 年）非常普遍，当时的目的在于纪念教宗西斯笃将 12 月 8 日定为圣母受胎节。在圣母头顶金色的光晕上，刻着这样的字句："万福玛利亚，你充满圣宠，上帝与你同在，你是有福的。"

福帕将人物形象置于不同的空间，让他们看上去富有立体感：圣母位于红底金字的框内，而圣子的下半身和她持着正在阅读的书本的右手则在框外。这种营造透视效果的方式让人想到多纳泰罗在描绘圣母形象时所运用的特有的技巧，关于这一点，我们已经在乔瓦尼·贝利尼的作品中感受过了。悬挂的珊瑚珠串和衣服的褶皱，特别是圣母蓝色斗篷上折起的衣角，是在向费拉拉风格的画致敬；对光影的巧妙运用体现在了面部微妙的明暗变化之上，这又与佛兰芒大师们的画作有着异曲同工之处。

伦巴第艺术

托尔基亚拉敬拜室 1475 年以前

木质镶嵌、绘画和烫金
360 cm × 163 cm × 164 cm
1936 年收藏于斯福尔扎古堡

烫金木柱上的一些雕刻是赞助人皮耶尔·马利亚·罗西的纹章和符号，还有一些他钟爱的格言，比如“人类永恒”“今日亦然，直到永远”。

敬拜室的结构由上下两部分组成，上面是一个六边形的尖顶，下面的板壁由大小相同的内凹的方形木格组成，格子内精雕细琢着植物图案和几何图形的圆花窗，而在烫金的木质支柱上则用拉丁语镌刻着订制者（见“托尔基亚拉祭坛画”和“格利赛尔达的故事”）的格言。小室的左侧被安上了一扇门，而右侧的小搁架上则设置了一个小窗口。正如贝内德托·本博的祭坛画一样，这个小室也被安置在帕尔马的托尔基亚拉城堡内的尼科梅德礼拜堂内，位于主祭坛旁边的一个角落里。它主要是为了给参加宗教活动的公爵们提供一个区别于其他信众的特别位置。

有评论家认为，既然圆花窗的风格与费拉拉圣多米尼克教堂的唱诗班座椅有一定的相似之处，而后者由乔瓦尼·达·巴伊索雕刻，那么这些木格的雕刻者应与当时有名的雕刻家阿尔杜伊诺·达·巴伊索的工作室有些关联。这件装饰品可以追溯到 1475 年之前的几年，原因在于有些圆花窗的雕刻图案采用的是黄金屋（译者注：黄金屋是罗西伯爵在城堡中为情人造的一间屋子，因墙面贴满涂成金色的陶砖而得名。）中的纹理图案，而据文献记载，黄金屋正是在 1475 年完工的。评论家们假设，如果这些木格确实是那个时候所造，那么，它内部的结构和镶嵌上去的尖顶则是添加或修复后的产物。

绘有三公爵的屉柜 1479—1494

杨木彩绘
43 cm × 189 cm

三位骑士姿态一致，而三匹马也以相同的步伐前进；让他们有所区分的是马匹上的装饰、衣服和侍从的姿势。人物形象的线条感非常强烈，这就在最大限度上忽略了对人物立体感的研究。

现在所看到的这个屉柜描绘的是米兰的三位公爵，除了它表面的彩绘是最初的原作，其他都是在 20 世纪重新组装过的。原来的屉柜在 1877 年被金佐尼转卖到了科莫湖附近的一个村庄，由于一直没有妥善保存，发现者最终只寻到了它的彩绘部分，并将其安装到一个新的屉柜上。15 世纪的这幅彩绘表现的是三位带着侍从的米兰公爵骑在马上的情景。他们的战马披盛装出行，庄重的盔甲、盔甲上灿烂的家族纹章以及马身上的其他饰品，充分展示了他们的权力与显贵。上方的文字表明了他们的身份，左起分别是：巴里公爵卢多维科·马利亚、米兰公爵吉安·加莱阿佐·马利亚和米兰公爵加莱阿佐·马利亚。其中，“Mli”即“米兰”的缩写。

评论家们认为这幅彩绘应是在 1479 到 1494 年间完成的，即在摩尔人卢多维科就任巴里公爵和米兰公爵的年份之间。此外，还有一种假设认为是 1488 年，即斯福尔扎家族支系与热那亚贵族弗雷戈索家族支系联姻的年份。

多纳托·布拉曼特和贝尔纳多·普雷韦达里

《普雷韦达里铜版画》1481

铜版画
695 cm × 510mm
1974 年收藏于斯福尔扎古堡

在当时的伦巴第首府地区非常活跃，而铜版画的命名来自作为创作者的印刷匠贝尔纳多·普雷韦达里，他所依据的设计稿则是多纳托·布拉曼特的作品。这幅作品在当时受到广泛关注的原因之一在于作品存在着诸多未解之谜。首先，这种规格的铜模在 15 世纪以前从未出现过；其次，订制合约显示，作品从开始到最终完成只用了短短的两个月时间；而尤为重要的是，关于这幅作品中的场景，众说纷纭，没有定论。从以上几个方面来说，人们称之为“奇梦”及“难以理解的哥特式”。

作品主体为一个呈正十字形的破旧的建筑，从正面角度看，该建筑表现出了极强的透视感。两个古典式的以壁龛为背景的中殿使画面呈现出双重的建筑视角，并将人们的目光引领到殿内出现的一些人物身上。近处的情景极有可能是传道士巴尔纳巴（译者注：米兰的第一位主教。）的辞行，他位于画面的前景中，正在跪地祷告，而这座建筑的风格也与早期的米兰教堂非常相似。作为透视的中心，位于殿堂中央的柱子的底部有一处布拉曼特的签名，该签名显示他曾在米兰逗留。教堂尽头的壁龛与乌尔比诺的建筑风格比较接近，而事实上布拉曼特确实也曾在年轻的时候到过乌尔比诺。

BRAMANTV
S·FECIT·
INMLO

特罗尼亚诺大师

《牧师的朝觐》1481 年以后

木雕、镀金、彩绘
120 cm × 165 cm × 15 cm
存于米兰戈尔吉 – 雷达埃利公益服务公司
2004 年收藏于斯福尔扎古堡
照片由戈尔吉 – 雷达埃利公益服务公司提供

左边雕刻了一名摩尔人女佣，她正在用火将圣子的盖布烤干。她位于一个真实的建筑背景中，背景为两根损毁的古典式立柱，具有强烈的立体感。

近年来的研究表明，这幅不久前借给斯福尔扎城堡的作品是代表了伦巴第地区文艺复兴时期木雕艺术最高成就的典范之一，尽管人们对于作者的身份依然一无所知。它最初属于谁、放在何处引发了各种各样的猜测，同样没有定论。然而，无论是从雕刻还是色彩来看，这幅没有配框的浮雕作品保存得极好。作品中央表现的是耶稣降生的情景，在圣子与圣母面前的是几个女人和拜倒的乐师，圣子左边是一名摩尔人女佣，右边是一群前来朝觐的牧羊人，他们身后的岩石作为背景被呈现在了作品的最右侧。这幅木雕作品的多层布景体现了作者极高的驾驭空间的能力，此外，他对自然环境细节处的描绘以及对人物表情与姿态的刻画也非常精准传神。

浮雕表面丰富的涂层——很可能是他人所作——使作品显得十分华丽。不妨看一看摩尔人女佣的衣服，它正是由蓝底金箔装饰的。作品的年代也是个谜，如若细究，只能以普雷韦达里铜版画的年代作为参考，因为浮雕作品左部的立柱和小棚屋后的建筑与布拉曼特作品的风格十分相似（见《普雷韦达里铜版画》）。

赤陶
66.5 cm × 27.5 cm
1873 年收藏于斯福尔扎古堡

《美第奇银行的半身像》约 1485

19 世纪中期美第奇银行被拆毁的时候，得以保留下来的东西少之又少，除了米凯洛佐修建的大门（见《美第奇银行大门》），只有维琴佐·福帕的壁画《阅读中的幼年西塞罗》（伦敦，华莱士收藏馆）和一些赤陶装饰的碎片。这些碎片也包括了当时银行内厅中的四个圆雕饰，现陈列于古堡美术馆中。正如 18 世纪末的一位历史学家所说，“拱廊门拱之间伸出来的几个巨大的赤陶头像，它们在岁月中销蚀，没有留下任何空间让人们去研究它们的结构和创作者。”留存于这些支离破碎之间的历史在最近的修复工作中得以重现。于是，一种霸道、滑稽的造型便从这些不成形的面部轮廓中显露了出来。

这几个圆盾形雕饰的边饰由植物的枝蔓构成，内接的人物半身像从底壳中凸起，显得十分立体，这些人物均为男性，有的还是头带光晕的皇帝。近几十年来，许多学者期望搞清楚它们的作者，很显然这个作者是唯一的，尽管有诸多假设，依然是个未知数。作为对克雷马雕塑家阿戈斯蒂诺·梵杜里在圣萨蒂罗的圣玛利亚教堂留下的雕塑作品的回应，现在人们所能接受的是上述这些作品出自伦巴第艺术家之手，其年份约在 1485 年。

贝尔戈尼奥内

《受难基督与两个天使》1488—1490

移至画布上的木板蛋彩画
57cm×116cm
1952 年收藏于斯福尔扎古堡

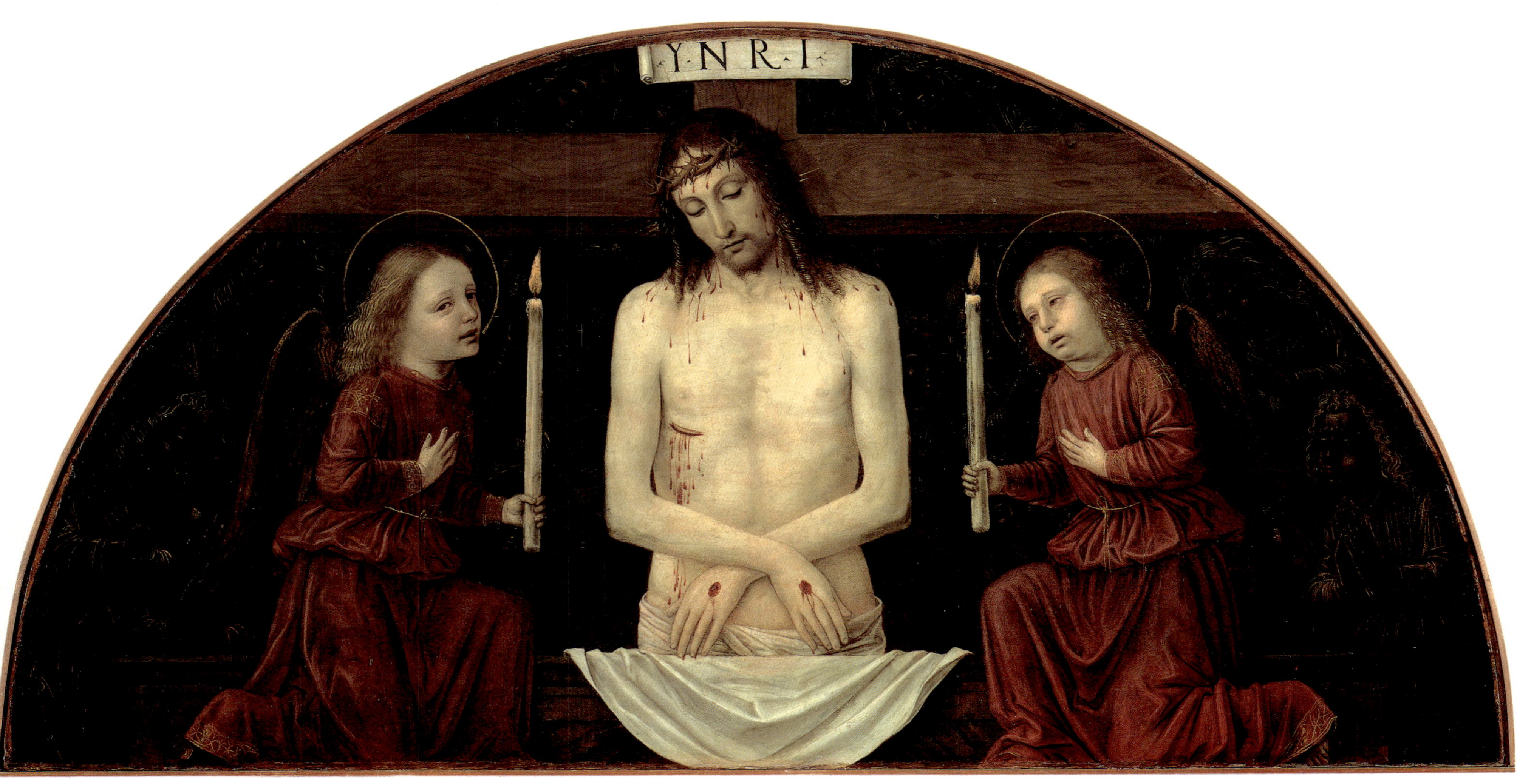

根据其特有的半月形状推测，这幅作品应是祭坛画屏上的一幅彩绘。至于究竟出自哪个祭坛，目前还无法辨认出，但它很有可能属于帕维亚卡尔特修道院的某个礼拜堂。15 至 16 世纪活跃在伦巴第地区的重要画家贝尔戈尼奥内，除了为圣萨蒂罗的圣玛利亚教堂、圣辛普利奇亚诺教堂和受难耶稣圣母教堂绘制了一批画作以外，也曾为帕维亚卡尔特会工作。

基督位于作品的中心位置，他倚在栏杆后的十字架上，旁边是两个跪着的天使，画家通过写实主义的手法将他们伤感的表情表现得淋漓尽致。此外，从天使肿胀的充满泪水的眼睛、大红色的衣服与红润的脸颊所使用的色彩中，可以发现其与北欧大师以及维琴佐·福帕的风格存在共通之处。事实上，当时的贝尔戈尼奥内似乎已经开始超越维琴佐·福帕了，他的作品中所表现出来的明暗对比，并不像那位布雷西亚画家作品中的那样强烈，而是色彩过渡得十分柔和。出于这些考虑，评论家们将画作的时间定在 1488 至 1490 年间，因为就在这个时候，贝尔戈尼奥内正在为卡尔特的修道院服务。为了证实这个结论，人们多次指出画作中并不具有布拉曼特或列奥纳多的艺术见解，因为在那个时间段这两位大师的新理论还没有站稳脚跟。

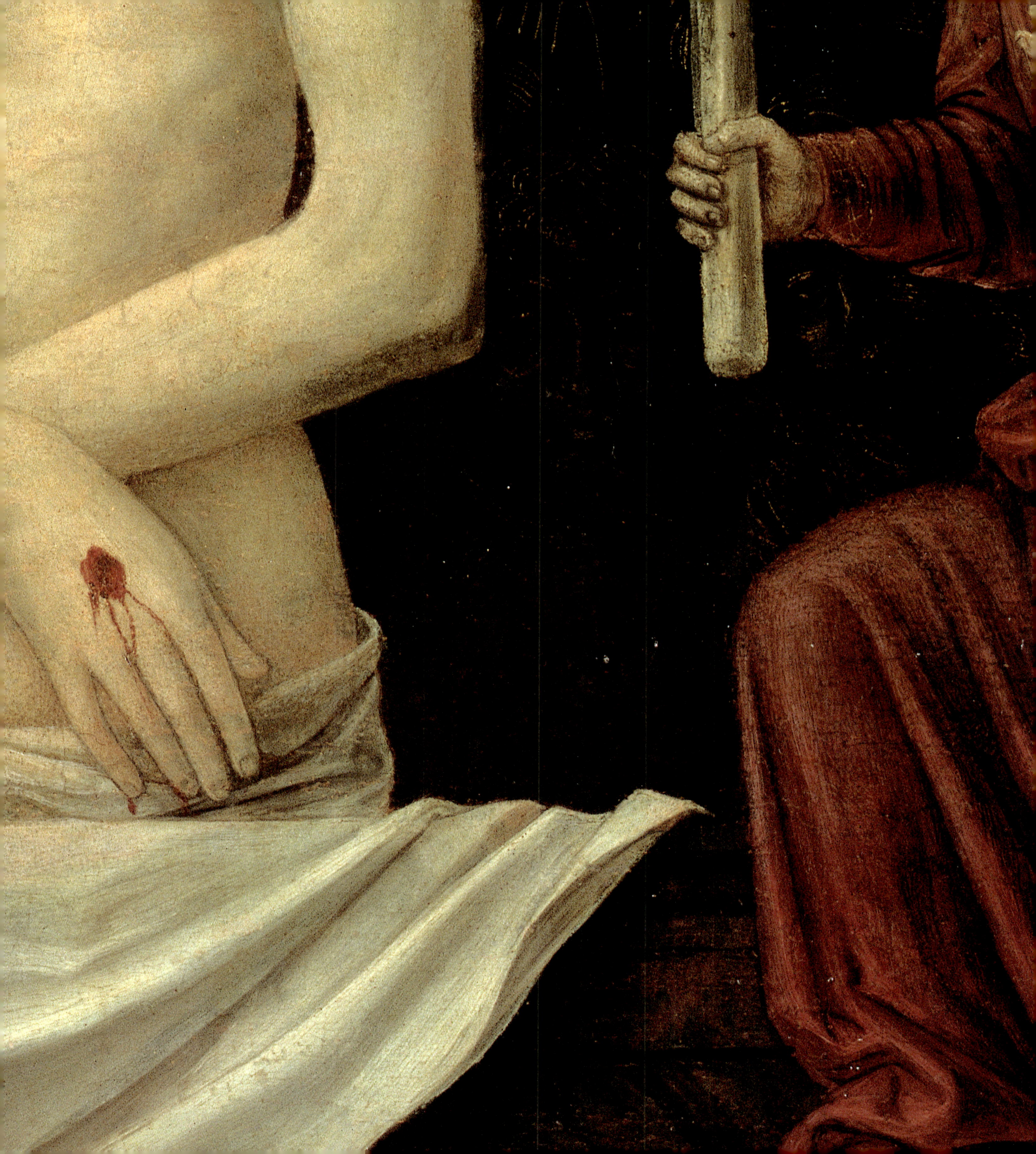

贝尔纳迪诺·布蒂诺内

《绘有耶稣生平和基督受难的神龛》15 世纪末

木板蛋彩画
34.5 cm × 70 cm
1903 年收藏于斯福尔扎古堡

这是当时一位有着良好教养的贵族用于私人供奉的祭坛画。它的归属已得到了公认，但作品的年代依然无法确定。尽管现在看来作品中人物的线条与轮廓更像是 15 世纪 80 到 90 年代的风格，但该作品中的每一幅画都糅合了多个艺术流派的风范，从对 15 世纪 70 年代末的曼特尼亚和费拉拉画派的模仿，到更晚期的福帕的画风与布拉曼特式建筑元素的融入，如以《圣母探访》为背景的画格，这些给研究工作造成了困难。这种复杂性也显示出了在 15 至 16 世纪的过渡期间伦巴第地区热烈的艺术氛围。作品直切主题的表现力和人物富有感染力的表情，则很有可能是从当时方济各会的教堂里关于耶稣与圣人生平的壁画中得到的灵感。

这幅祭坛画分成若干个画格，表现了耶稣的生平与他受难时的情景，简洁大方，一目了然。借助白色的渲染，画中某些地方的光仿佛被点燃了似的，显得清晰而明亮，这种手法在圣母探访这个情节中的建筑上或是哀悼耶稣中的人物形象上可以看到。画中对人物不安与紧张表情的刻画则让人联想到了费拉拉画派的艺术风格。

这处细节所展示的是《天使报喜》的情节，它的背景环境与福帕在《圣塞巴斯蒂亚诺的殉道》中所采用的建筑类型非常相近。复古的立柱是画面的焦点所在，它很好地将天使与圣母隔开。画家通过整齐而连续排列的柱子与开放式的自然背景实现了画面的透视与景深。

这处细节展示的是《哀悼基督》的画面，无论是画中人物所处的位置，还是他们的动作、表情中流露出的哀伤，都让人联想到曼特尼亚在 1478 年左右完成的一幅雕刻作品《埋葬基督》(收藏于维也纳阿尔贝蒂娜博物馆)。这件雕刻作品曾在伦巴第地区的各个画室内流转展示了许多年，并成为那个时期艺术家们共同参考的典范。

绘在半月形画框内的《最后的审判》是整个作品的最后一个故事，它呈现的方式也较为特别，情节分别在横向划分的两个区域内展开。上面一部分描绘的是天父与圣人们，天父的左边是圣母，右边是巴蒂斯塔。下面一部分表现的是大天使米迦勒将那些要上天堂的人与那些将要受到永久惩罚的人分开的情景。

维琴佐·福帕

《圣塞巴斯蒂亚诺的殉道》15 世纪末

移至画布上的木板油画
240 cm × 190 cm
原藏于米兰圣塞巴斯蒂亚诺堂
1898 年收藏于斯福尔扎古堡

的特点（见《普雷韦达里铜版画》），整个大理石基座似由多个部分重叠的“凸”字构成，绑缚圣塞巴斯蒂亚诺的圆柱底座则突出于方形立柱之外，呈现出极强的立体感。此外，方柱的柱头将三个门拱的其中一侧连接在一起。这样的柱头结构也与布拉曼特建筑作品的特点相近。

画面所描绘的是一个极其悲伤的场面，当天使手持带有殉道含义的棕榈叶到来的时候，弓箭手们仍然在向圣塞巴斯蒂亚诺射箭。福帕对光线独特的运用将这种紧张气氛表现到了极致，昏黄与银白搭配的色调将弓箭手们与圣人

借助色彩与朦胧光线的运用，两位弓箭手的姿态颇具古典风格，但又与布拉曼特画笔下古代神话英雄的特点不同。作品的透视效果十分明显，对第二个士兵脸部的刻画尤其值得品鉴。

正是与布拉曼特的相遇，为福帕在 15 世纪 80 到 90 年代创作的画作带来了难以抹去的印记，因此，根据已知的某些史料，圣塞巴斯堂的这幅祭坛画被认为是出自建筑家布拉曼特或是与他相关的艺术家之手。圣塞巴斯蒂亚诺所在的墩座墙带有一些普雷韦达里铜版画中建筑

笼罩在一层朦胧之中，让整个画面显得典雅而宏大。弓箭手们在这幅画中起到了侧幕的作用，除了突显出前景中的殉道场景以外，还间接指向了作为背景的半明半暗的风景。画作的背景在 20 世纪初的修复中得以重现，特别是描绘城市的那部分。

壁画
625 cm × 488 cm

多纳托·布拉曼特和布拉曼蒂诺

《百眼巨人》约 1493

壁画《百眼巨人》位于古堡内珍宝室大门的上方，时至今日，它的作者是谁依然颇有争论。一方面，毫无疑问的是，它与 15 世纪末的布拉曼特画风十分接近；另一方面，正是这些带有典型的乌尔比诺画家风格的元素，让世人无法准确辨别出它究竟是出自布拉曼特，还是他的学生布拉曼蒂诺（见《哀悼基督》）。

在 15 世纪，几乎没有关于该壁画的任何记载，这主要是因为 1498 至 1499 年修建了爪形拱顶和重新粉饰了墙壁，前者中的一个柱头让百眼巨人成了无首之作，后者则将整个壁画遮盖住了。直到 1893 年，它才被人们发现。它的神秘和与众不同也体现在了壁画的主题上。尽管保管者提出百眼巨人是一个战败的角色，其位于公爵府珍宝室的大门之上也显然不会给镇守珍宝带来好运，但百眼巨人这个神话人物的身份却是不容置疑的。它被嵌在一个十分显眼的墩座墙之内，突出在外的托架上装饰着几个圆雕饰，可以辨认出其中的两个雕饰描绘的是信使之神默丘利和百眼巨人之间争斗的场景，而中间的则是“称金子”的情景。关于作品，推测为 1493 年文艺复兴运动后摩尔人卢多维科成为米兰公爵的那一年；关于该壁画的作者，现在的研究认为，建筑部分出自布拉曼特之手，而壁画上所描绘的形象则出自布拉曼蒂诺之手，但不包括壁画的主角“百眼巨人”。

为了与壁画的主题相关联，圆雕饰中间所表现的是“称金子”的场景，画面中间的男人正专注地称量金子，背景则是一位坐在宝座上的统治者。线条笔触简洁有力，与布拉曼蒂诺的风格十分接近。

安德烈亚·曼特尼亚

《荣光中的玛利亚和圣人约翰·巴蒂斯塔（施洗约翰）、格雷戈里奥·马尼奥、本笃和杰罗拉莫》1497

布面蛋彩画
287 cm × 214 cm
来自路易吉·阿尔贝里科·特里乌尔齐奥的收藏品
1935 年收藏于斯福尔扎古堡

这幅画屏曾摆放在维罗纳的奥尔加诺圣玛利亚教堂的主祭坛之上，画家的签名与日期隐藏在画面中下方的旋涡形花饰之中。该日期与圣母升天节相吻合一定不是偶然的，因为画中的圣母正在天使的包围下慢慢地升上天空。这幅画最初的收藏者我们已经无从知晓，而由乔瓦尼·达·维罗纳修士所镶嵌的画框也已不知所踪。人们猜测，这幅画屏应该有一个宏大的装饰，并且被摆放在祭坛的最上方。20 世纪，人们发现了威尼托雕刻家与曼特尼亚之间的书信，通过这些书信，人们除了再次确认了该作品的年代，还获知了画家其实并不愿意创作这幅画作，只是在委托人的坚持下，才不得不按期完成。

画屏呈现出前景和后景两个视角，前景展示了利用透视法所描绘的圣人们，而后景中杏仁形装饰中的圣母被置于一个与其下方区域完全不同的空间之中，使她在一众圣人中显得独一无二，这种设置象征着她永恒的存在。两旁由繁茂的柠檬树与橘子树树叶构成的侧幕则强化了这种艺术手法。此外，无比娴熟的画技和金胶蛋彩画的技法使得作品呈现出极为鲜艳的光泽。

圣人本笃和杰罗拉莫位于圣母玛利亚的右侧，考虑到人们“自下而上”的视角，画家对他们的刻画进行了相关的透视处理。画屏曾放置在维罗纳教堂主祭坛的上方，而曼特尼亚用这些技巧体现出了画面空间与真实空间之间不可分割的联系，表明了观察角度上的优先。

这处细节描绘的是传统的圣母与圣子二人像。杏仁形的构图，以及对圣母庄重、无表情的面容的刻画非常独特，圣母目视前方，表现出对怀中圣子的无私与公正。通过 X 光对圣母的面孔进行分析，人们发现她的一只眼睛是经过重绘的。

管风琴前的天使唱诗班旨在向同名教堂致敬（译者注：即奥尔加诺圣玛利亚教堂，“奥尔加诺”为 Organo 的音译，意大利语指管风琴。）。但据中世纪时期的文献记载，该教堂并不是因其引以为傲的管风琴而得名，而是根据与它相邻的奥尔加纳门的名字修改而来。天使手中拿着的乐谱上镌写着这幅作品的创作日期：“1497 年 8 月 15 日”。

列奥纳多·达·芬奇

天轴厅 约 1498

壁画
1493 cm × 1495 cm
穹顶最高点 1017 cm

研究认为，天轴厅唯一的原迹是位于东北面墙下方区域的一小块，描绘的是生长在岩石缝隙中的根系，象征着植物生长的本能。

列奥纳多在古堡中进行的一些装修活动都笼罩着一团迷雾，例如1496年6月的史料上所记载的那些“小房间”，或者记载于1498年以前完工的“暗房”，因为人们无法在如今保留下来的古堡遗迹中找到与它们相吻合的地点。然而，正是在那个谜一般的“暗房”的装修合约中，提到了古堡塔楼中的一个“大房间”。合约表明将会在1498年4月把覆盖在该房间墙壁上的“(脚手架)木板”拆卸下来，由此便明确了其“天轴厅”的身份。实际上，天轴厅名字的由来似乎要归因于列奥纳多独特的绘画方式，因为下半部分墙壁被脚手架遮挡，所以他只为这个房间墙壁的上半部分和伞状的穹顶绘制了壁画，而天轴厅便是从“(脚手架)木板”这个单词演变而来的。

遗憾的是，这位天才大师的亲笔之作被保留下来的部分甚少。绘制在拱顶的整个大藤架实际上基本是埃内斯托·鲁斯卡在1901至1902年间重新绘制的。这幅壁画除了魔术般地将露天的

情景搬进室内以外，桑树的枝干还隐喻了摩尔人卢多维科(译者注：意大利语“桑树”与“摩尔人”是同一个词。)这位睿智而谨慎的雇佣兵首领。整个壁画所描绘的可能是特萨利亚藤佩河谷中的景色，这个河谷自古以来就以美丽肥沃著称，在这里象征着卢多维科的伟大统治。

杨木
132 cm × 104 cm
20 世纪初收藏于斯福尔扎古堡

乔瓦尼·安杰罗·德尔·马伊诺

《耶稣受难》约 1500

德尔·马伊诺家族是伦巴第地区的雕刻世家，这个家族建立了当地 15 到 16 世纪最重要的工作室，在这漫长的岁月里，他们经历了当地艺术文化从后哥特式到复兴式的巨大转变。1496 年，乔瓦尼·安杰罗·德尔·马伊诺凭借签有“圣乔瓦尼堡”字样的耶稣受难木雕一举成名。起初，他与父亲一同从事雕刻工作，此后他分别去了科莫湖地区和瓦尔泰利纳地区，而在皮亚琴察这个地方，他又在机缘巧合之下与哥哥蒂布尔齐奥一起工作。

然而，在缺乏文献记载的情况下，我们仍然无法得知这个木雕最初的摆放位置。更加令人惋惜的是，这件作品被损毁得十分严重：右手和左手的手指已经缺失，双脚也已残缺，

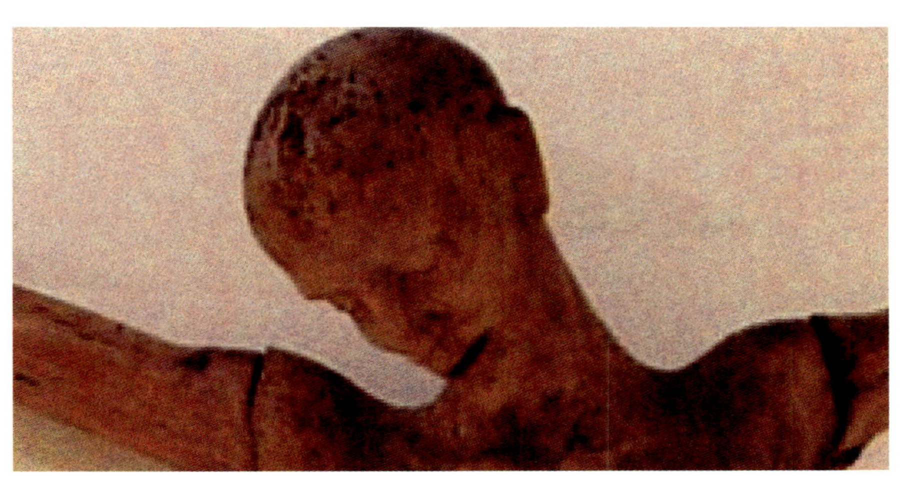

而原始的色彩也所剩无几。1996 年的修复将附着在这件作品上的污迹全部清除，进而重现其高品质的雕刻艺术。作品人物表情凝重而深刻，身体的比例也完全符合人体构造。近期的研究将古堡的这件藏品与圣乔瓦尼堡的木雕《耶稣受难》联系在了一起，显示出它们之间密切的吻合性。除了雕刻家身份的确认，研究人员还将这件作品的年代确定在 1500 年左右，这大约是乔瓦尼·安杰罗·德尔·马伊诺艺术活动第一阶段的后期。与他父亲的雕刻风格相比，这件作品显然更为成熟，细致柔和的轮廓更是展现了他非凡的雕刻才能。

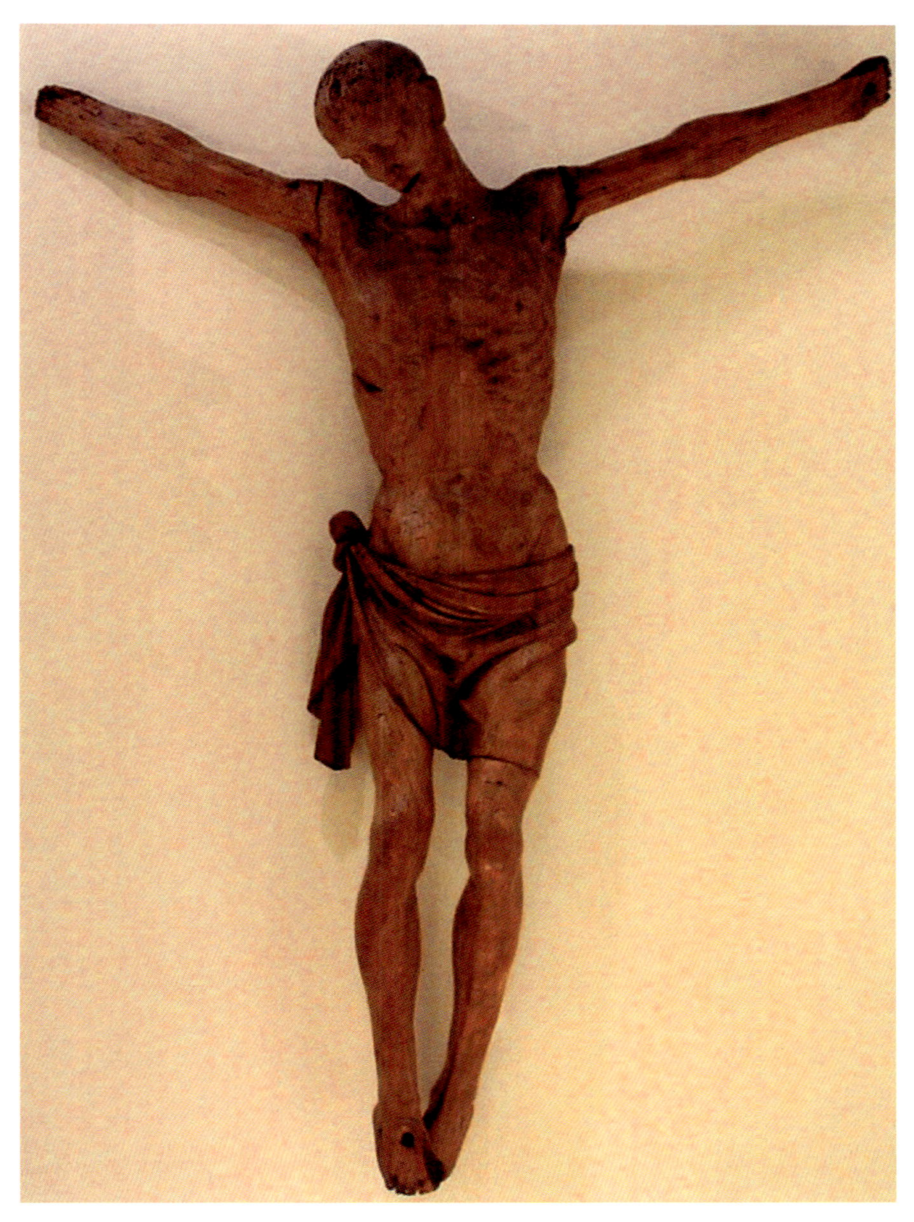

耶稣的面孔是耶稣受难这个悲剧的核心。雕刻家塑造了一个坚韧的耶稣形象：他的头向前垂下，双目紧闭，抿住的、变形的嘴唇表现了他正在经受的痛苦。木雕作品中原有的头发已经缺失，取而代之的是化纤发。

布拉曼蒂诺

《月历图挂毯》1504—1509

羊毛丝绸挂毯

462 cm × 477 cm

来自路易吉・阿尔贝里科・特里乌尔齐奥的收藏品

1935 年收藏于斯福尔扎古堡

布拉曼蒂诺设计的《月历图挂毯》是由法国的霸主吉安・贾科莫・特里乌尔齐奥元帅订购并交由维杰瓦诺手工坊制作完成的，挂毯的纺织制作由米兰的织毯师贝内德托主导，在“二月”挂毯上可以见到他的签名。这组挂毯在特里乌尔齐奥家族内世代传承，直至被斯福尔扎古堡购买。每块挂毯分别展现一年中的某个月，内容为人们的生活场景，当月的植物、水果和气候等。根据每块织毯中的黄道符号和训世短文，可以清晰地辨别出其所要表现的月份。统一的风格表明这组挂毯出自同一个艺术家之手：所有挂毯的边饰均为贵族徽章图案，背景呈现的是每个月特有的活动，前景的中央有一个人物，似乎正指向太阳跟随黄道十二宫行经的轨迹，黄道十二宫位于一个建筑之上，那个建筑曾是最初悬挂挂毯的地方。

在设计上，挂毯模仿了雕刻在中世纪天主教堂大门上的著名月历图的构图，并采用了那个时期伦巴第极为古典的艺术风格。在早期欧洲，这样的主题被十分广泛地运用，而在布拉曼蒂诺独特的艺术构思中，它又与农业、政治、天文等主题完美地结合在了一起。其中，政治的主题体现在挂毯贵族徽章图案的边饰上。

挂毯中的这个村屋建在一片丘陵之中，村屋结构十分对称，它的身后有两处建筑。这处细节所展示的是位于它左侧的那个闪耀着金光，却又显得奇异而抽象甚至有些玄奥的建筑（见布拉曼蒂诺的《哀悼基督》）。它的核心是一个被植物包围的圆柱体建筑，两边是四座塔楼，同样也是圆柱体。

“七月”挂毯中央的这位年轻人——寓意着夏季——身着白色短款祭服，左臂下夹着一个象征着丰收的丰饶角，头发里还露出一些麦穗。他所站立的那个大理石基座上镌刻着七月的训世文，召唤人们去收割麦子。

这处细节表现的是农民们在伦巴第的一所农舍中打麦的场景。农民们排成两列，相对而立，用连枷打麦，左边的人一律侧身劳作，而右边的人则背对着观者，只露出背影和肩膀，两队人垂直的构图让整个场景显得井然有序而又富有节奏感。

NETES MAI
IO IA TRIVS
MAR VIGLI
FRANCIE MARES
ANNVM INCOHAT RESOLVITVR
TERRA OMNIA VNDE GERMINAVIT
HOMINES PECORA PISCES AVES
AGITQVE AMORE MARTIVS

BACCHI SACRIS VINDEMIAM
AVGVSTVS AVGVRAT TERIT
MILIVM NOVISQVE FRVCTIBVS
MERO ET CALOREM TEMPERAT

安德烈亚·索拉里奥

《女性肖像画》1505—1507

木板油画和蛋彩画（？）
55 cm × 42 cm
1912 年收藏于斯福尔扎古堡

女子微微红润的面容端庄而深沉，略显呆滞的目光凝视着观者，她的头发收于发网内，由一根丝带束着，这是当时十分流行的发饰。

无论是从识别标记还是从综合的画风来看，这幅米兰的肖像画都曾被认为是列奥纳多画派的作品。事实上，安德烈亚·索拉里奥的这幅画作被认为是天才列奥纳多的学生伯特拉菲奥的作品也并非偶然，因为他的画风与列奥纳多画派是如此一致，甚至用途也大致相同。因此，在过去很长一段时间内，人们都认为这幅肖像画出自伯特拉菲奥之手。

在深色的背景之中，一名女性倚靠在栏杆上，人物肖像部分占据了画面的四分之三，这种构图模仿了列奥纳多的著名油画《抱貂的女子》（现藏于波兰克拉科夫恰尔托雷斯基博物馆）的风格特征，而这种画风也同样受到安东内罗·达·美西纳、北欧及意大利中部的画师们的推崇。16 世纪早期米兰的古典气息让这幅肖像画显得更为脱俗：端庄的表情之中似乎流露出一种列奥纳多式的深沉，这从画中女子笑容中那抹难以觉察的神秘便可见端倪，而索拉里奥作品的那种典型的明丽感也丝毫没打折扣。女子的衣裙通过大片的填充色来表现，在深色背景的衬托下显得十分艳丽，鼓胀的衣袖和层叠的褶皱使衣服的质地看起来非常柔软。现在的研究人员认为，该肖像画与这位伦巴第画家的其他作品非常相似，例如他在 1505 年创作的《乔瓦尼·克里斯托福罗·隆戈尼的肖像画》及收藏于布雷拉美术馆的肖像画《青年》，这进一步证实了这幅女性肖像画是出自那个时期的安德烈亚·索拉里奥之手的假设。此外，画中女子的发型和服饰特点与 16 世纪早期的米兰女子的装束是相吻合的。

稿纸上的红粉笔画
200cm×157mm
19 世纪收藏于斯福尔扎古堡

（被认为是）列奥纳多·达·芬奇

《勒达头像的草图》

红粉笔，即红棕色的粉笔，其较软的笔尖能够让列奥纳多表现出轻与柔的细腻，如勒达垂下的眼帘和红润的脸颊。此外，草稿中对容貌的勾勒也是极为细致的。

在创作一幅作品前，艺术家们通常都会在草稿纸上写写画画，不管是人物还是建筑，这些草稿纸就像是他们进行创作与表达的“实验室”。而在这些草稿纸上，常常还有他们的算式、一闪而过的灵感或是速写。列奥纳多的这张草稿纸上画的是勒达的形象，关于这个人物，列奥纳多设计了两个版本：一个是站立的裸露身体的勒达，她的身旁是一只天鹅，天鹅的脚边有两颗蛋；另一个是跪在地上的勒达。遗憾的是，作品没能保存下来，但如果不是列奥纳多遗留下来的草稿，或者他画室中学生们所临摹的画作提供了证据，人们甚至无法得知这幅作品的存在。因此，就这些草稿和临摹的画作至少展示了大师的创作想法而言，这已是极大的幸运。

从列奥纳多所选的这个主题上，人们可以感受到在人文主义盛行的佛罗伦萨对勒达神话的重新评价，以及大师在 16 世纪早期短暂逗留罗马以后对古典主义培养起来的兴趣。关于勒达的神话讲述的是埃托利亚王特斯提奥斯年轻美丽的女儿勒达，在嫁给斯巴达王廷达瑞奥斯以后，宙斯醉心于她的美貌，并趁她在河中沐浴时，化作天鹅与她相会。与神结合以后，美丽的希腊公主生下了孪生兄弟卡斯托尔、波鲁克斯，以及海伦，根据一些改编的版本，甚至还包括克吕泰墨斯特拉。这张草稿中所画的正是勒达，她的头微微垂下，注视着刚刚出生的两个儿子，她的发型则是根据当时所流行的样子设计的。

伯纳迪诺・卢伊尼

《海格力斯和阿特拉斯》1513—1515

揭取的壁画
500 cm × 385 cm
来自米兰兰德里亚尼宫
1927 年收藏于斯福尔扎古堡

阿特拉斯外表稳重，动作协调，脸部的立体感也十分突出。他正专注地使用仪器在“地球”上研究水瓶座（状似瓶子）的星象。

在米兰博尔戈诺沃大街上有一座重要的宫殿，该宫殿于 1513 年成了托马索・兰德里亚尼的私有财产，并被称为兰德里亚尼宫，这幅壁画便来自该宫殿庭院的后墙。取得宫殿的所有权后，兰德里亚尼便委托当时伦巴第著名的建筑师和人文主义大师切萨雷・切萨里亚诺对宫殿进行重修。在这个背景下，卢伊尼受天文学家伊吉诺的著作《天文学》启发，为宫殿庭院绘制了一组以天文和神话场景为主题的壁画，这在当时古典主义盛行的米兰非常流行。而这种单色的颇有古风的图案，也借鉴了罗马雕塑艺术的特点，深受人文主义者的欢迎。

其中，收藏于古堡的这部分壁画——其他部分保存于宫殿的大厅——描绘了阿特拉斯为海格力斯讲解天文学的场景，而图案中的大力士海格力斯则将整个“地球”举了起来。两个神如照镜子般面对面站立，这一点从他们腿的姿势能够很明显地看出来，但被举起的“地球”又将他们连接在一起，构成了一幅完整的画面。这种依据几何学原理的稳定的构图，看上去仿佛出自布拉曼蒂诺之手，而在过去，人们的确也认为这组壁画就是他的作品（见《哀悼基督》）。然而，图案所表现出来的细节和特点实则是卢伊尼的手笔，作品线条流畅而富有节奏感，人物形象也不受几何框架的制约，更为重要的是，他在人物面孔和衣服褶皱上对光的运用，产生了十分柔和的明暗效果，正如这幅画中阿特拉斯和海格力斯的衣服，以及阿特拉斯的微卷而柔顺的头发。

布面油画
195 cm × 152 cm
1985 年收藏于斯福尔扎古堡

布拉曼蒂诺

《哀悼基督》1515—1520

在耶稣的悲剧中，圣约翰扮演了一个极其重要的角色：他隔着裹尸布用手臂托着耶稣已无生命的身体，裹尸布从他的肩头绕过，表达了他对耶稣无比的尊敬。此外，他们的脸也向同一个方向倾斜。

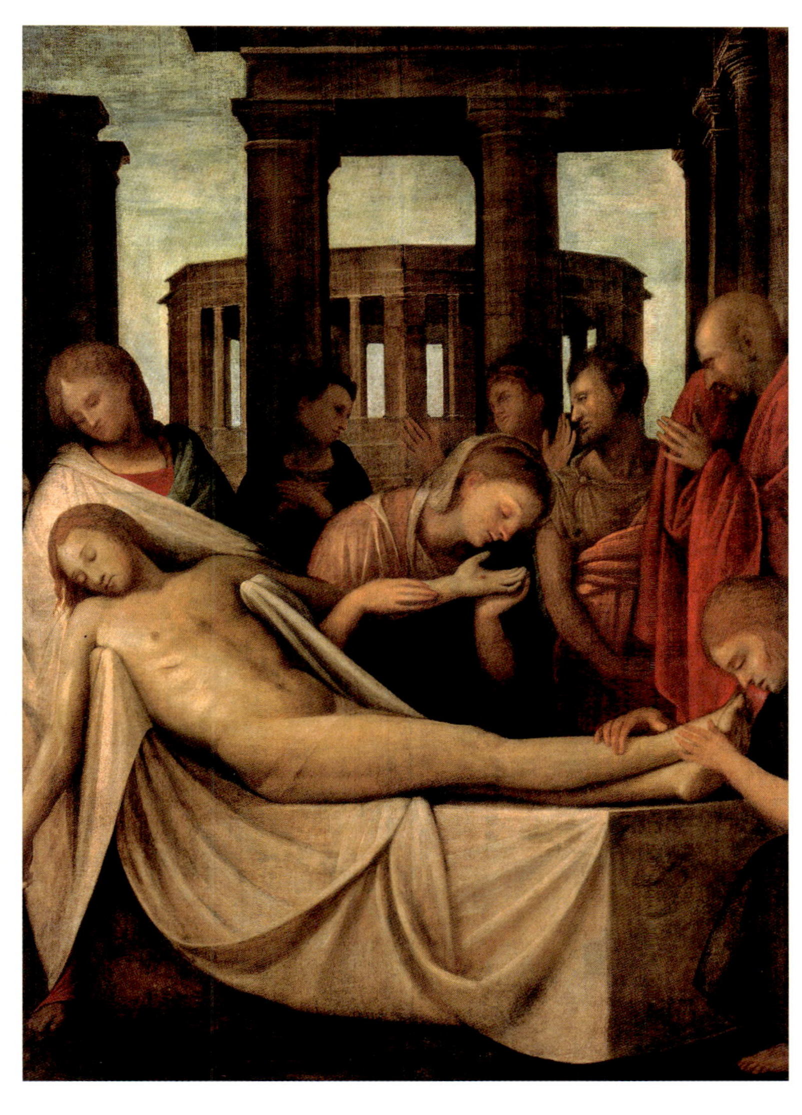

人们首次获悉这幅油画摆放位置的消息要追溯到 18 世纪了，据说，那时候它被悬挂在米兰圣巴尔纳巴教堂的圣器收藏室内；而之前也许被保存在基亚拉瓦莱修道院中，据记载，那里存有布拉曼蒂诺所创作的一幅《圣殇》。出现上述情况的原因，也许是布拉曼蒂诺在承接具体的委托作品以后，习惯由自己先行创作一幅，然后再将自己最终完成的作品交给委托人，这种方式在之后的几个世纪里成为绘画界的常态。

在作品的前景中，被痛苦包围的耶稣躺在用于实施涂圣油礼的石头上，圣母则哀痛地俯身亲吻儿子的手。作品的背景由三个处于半明半暗中的人物引出，他们充满哀伤地谈论着眼前的悲剧。画中的建筑侧幕为拱廊的一角，它的存在是不可或缺的，在它的后面，即背景的最远处，是一个十二边形的建筑，这个建筑的整体特点象征着眼前发生的这幕超出了时间与历史的界限。无比悲惨的气氛通过这样一种抽象与克制的绘画风格被表现出来，人们的痛苦被残酷地定格在了一个瞬间。画面视角由安放耶稣的大理石引入，显得壮观而有冲击力，但它限定了人物的空间位置与人体构造，导致画面略显生硬和单薄。此外，画面由多角度的冷光源主导，符合其悲怆、哀伤的主题。

巴姆拜亚

《加斯东·德·富瓦的纪念墓》1517—1522

大理石

棺床：62 cm × 215 cm × 80 cm

来自米兰圣玛尔塔教堂

1806 年收藏于斯福尔扎古堡

1512 年，英勇的将领加斯东·德·富瓦不幸在拉文纳战死，他的葬礼也随后举行。巴姆拜亚这件作品闻名遐迩的原因是，当时委托建造它的除了时任米兰总督的法国人奥代特·德·富瓦以外，法国国王也亲自参与其中，这个说法在巴姆拜亚的遗书中被直接提及。

作品被摆放在米兰的圣玛尔塔教堂内，因为从传统上来说，这个教堂与法国政权以及当地与之有联系的贵族颇有渊源。修建工作平稳有序地进行到了 1520 年，从 1521 年开始便遭遇了多次中断，到了 1522 年，法国政府放弃了对米兰的统治，最终这件作品也被放弃并慢慢地被遗忘。如今保存在古堡中的几乎是幸存下来的全部，但目前安放的形式是否遵从了最初的设计就无从知晓了（其他的部分，如一些壁柱保存于米兰安布罗西亚纳画廊，德能天使保存于伦敦维多利亚与艾伯特博物馆，胜利纪念柱和两件战争浮雕保存于都灵市立博物馆）。长久以来，在描述到纪念碑可能的构造时，评论界一直存有争议。如果说它并非依墙而造，而是一个独立的雕塑作品，并且有一个特定的建筑结构，那么又会有许多单个的元素无处安放。

加斯东·德·富瓦双手交叉放在剑柄上，剑的上半截已经断裂丢失了，剑鞘上雕刻着精细的植物花纹，这显示了巴姆拜亚精湛的技艺。所有的手指都已断裂，只留下残缺的手掌部分。不过，衣服的褶皱却保存完好，显得平整而柔软。

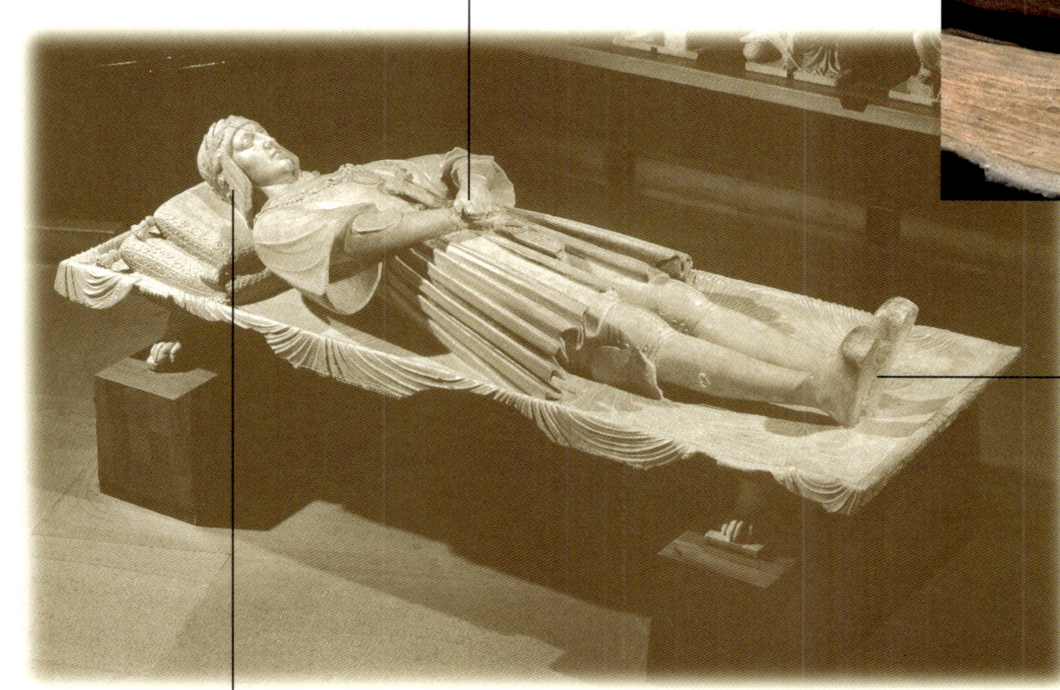

雕塑的双脚构成了一个放置剑刃的缺口，剑刃位于两脚之间，结构显得十分稳固；雕塑的右脚经过了修复。铺在加斯东·德·富瓦身下的布也由大理石雕刻而成，起皱的布料看起来十分柔软，展示了艺术家超乎寻常的艺术感觉。

在 17 世纪里基尼主持装修以前，该雕塑一直保存在圣玛尔塔教堂内。后来，它被垂直地嵌在毗邻教堂庭院的墙上，就像保存于古堡内的墓碑一样（1674 年）。加斯东·德·富瓦被水平放置在棺床之上，他安详地闭着双眼，头上束着一个桂枝编的花环，脖子上所挂的是圣米迦勒勋章。

科雷焦

《阅读男子的肖像》1517—1523

贴在布面上的纸板油画
60.2 cm × 42.5 cm
1945 年收藏于斯福尔扎古堡

油画中男子手持的小书被认出是“小彼得拉克”，即在当时广为流传的《彼得拉克诗集》的袖珍版。这要归因于背景中林间空地上出现的那头小鹿，它有可能指代的是彼得拉克的第一百九十首十四行诗或其他诗作中所描绘的“纯洁的鹿”。

关于这幅肖像画究竟是出自帕尔米贾尼诺还是科雷焦之手，在评论界存在着长期的争议，这两位艺术家都是文艺复兴晚期意大利北部矫饰派大师。科雷焦的作品表面上看自成一派，但实际上混合了多种不同风格，除了受到波河流域自然主义的熏陶外，还包含了对拉斐尔罗马古典主义的探索，以及对曼特尼亚和列奥纳多画风的追随。

这幅油画展现的是一位男子的半身像，他身着深色的衣服，有着细长的头发和浓密的胡须；他正专心致志地看着右手中的书，这本书很小，而且被翻到了中间的某一页，现代研究认为这是彼得拉克的诗集。除了帽檐在前额上投下的淡淡的影子，男子脸颊独特的立体感、身体的姿势与手臂的动作，都让观众仿佛进入了作品流露出来的那种沉思的氛围里。由于无法辨识男子阅读时眼神的方向，这更加重了作品深沉的气氛。而作为背景的植物与林间空地的色彩却无比流畅，仿佛被柔软、轻快的光芒拂过，它们正向着某个方向移动，使人产生了一种悬挂在空中的感觉。这些特征都展现出一种与帕尔米贾尼诺那种贵族派和隆重感格格不入的艺术语言，因此，这幅画最终被确认为出自科雷焦之手。

奥焦诺的马可

《迦南的婚礼》1519—1522

揭取的壁画
180 cm × 335 cm
来自布雷拉美术馆
1955 年收藏于斯福尔扎古堡

位于前景中的侍者正为客人准备水，但他惊讶地发现，罐中的水居然变成了酒。他充满活力的动作——实际上略显笨拙——为处于背景中的那幅生动的场景做了铺垫。他身上飘扬起来的黄绸带与另一位侍者衣服上鲜艳的渐变色也强化了这个作用。

大约在 1517 年，当时在列奥纳多米兰画室中工作的奥焦诺的马可开始为米兰和平玛利亚教堂的祭坛绘制画屏，据记载，他从 1490 年便开始跟随列奥纳多在画室学画。在随后的几年里，他又为附属于教堂的巴加罗蒂礼拜堂绘制了一系列壁画。现保存于古堡中的这幅画就是从那个系列的壁画中揭取下来的。

从这幅作品所特有的半月形状可以推断出它所处的位置。它再现了迦南婚礼的情景，此处选取了婚礼上的一个瞬间，即用餐者发现水变成了酒。用餐者惊讶的反应成了这幅画优先要研究的主题。与列奥纳多在《最后的晚餐》中通过强烈的心理暗示所表现的悲剧相比，这里的滑稽成分占了上风。如果说桌子与长菱形的地板所表现出的场景的立体感，以及与之相关的一些细节，如地板上的细颈酒罐和桌上的食物等，使得佛罗伦萨大师（译者注：即列奥纳多。）的风格呼之欲出，那么“精神的移动”则成就了对这个事件进行戏剧性解读的机会。在场人们的手势因为垂挂的衣褶而被放大与强化，某些衣服轻如薄纱的质地与渐变的色彩也增强了表现的效果。这些与当时已十分流行的皮耶蒙特画家高登齐奥·法拉利的风格极为相似。

塞斯托的切萨雷

《圣洛可教堂的祭坛画》1523

木板油画
中央：228 cm × 65 cm
两侧：183.5 cm × 47 cm
来自梅尔齐·德·埃里尔收藏品
1923 年收藏于斯福尔扎古堡

这组祭坛画的合约于 1523 年 1 月 28 日由圣洛可兄弟会为同名教堂所订立。合约中对作品要求有一个详细的描述：作品需要在六个月内完成，共分为六个部分，由起到保护作用的遮板包围，遮板的两边也用绘画装饰。根据当时的惯例，由艺术鉴赏家安布罗焦和贝尔纳迪诺·贝尔戈尼奥内兄弟为它们命名。塞斯托的切萨雷还没有完成这组祭坛画便因病去世了，最终由他画室的学生们将它们完成。学生们为《圣克里斯托福罗》绘制了背景中的风景，并完成了对原配框架中遮板的装饰。这组祭坛画还经历了一段充满磨难的历史：在 1789 年以前，它们被放置于圣洛可教堂中，但在拿破仑统治时期，又因不合时宜而被肢解，最终下落不明。19 世纪，这六幅木板油画均被梅尔齐·德·埃里尔家族购得，并被重新安置在了一个新的框架中。1932 年，它们被转赠给了古堡博物馆，而幸存的两块遮板现在则被私人收藏。

在这组作品中，可以追寻到塞斯托的切萨雷在他的职业生涯中所见到的多个绘画形式。无论是《圣克里斯托福罗》背景中描绘的风景，还是六幅画朦胧的明暗变化，列奥纳多的风格都是显而易见的；而米开朗琪罗与拉斐尔“新、奇、特”的艺术特点在画中也有迹可循。这两位画家是塞斯托的切萨雷 1508 至 1513 年间在罗马结识的。

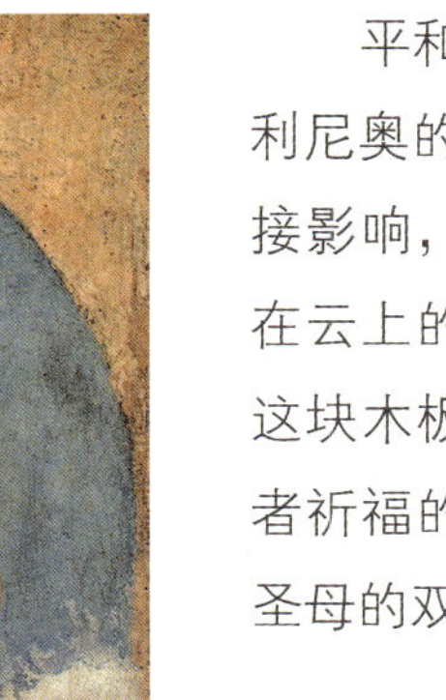

平和、恬静的圣母形象受到了拉斐尔《福利尼奥的圣母》（收藏于梵蒂冈美术馆）的直接影响，塞斯托的切萨雷从中抓取了圣母坐在云上的姿态与圣母垂下头的角度。在他的这块木板油画中，特别值得一提的是，当观者祈福的时候，努力向前踢腿的圣子恰好被圣母的双手一把抱住。

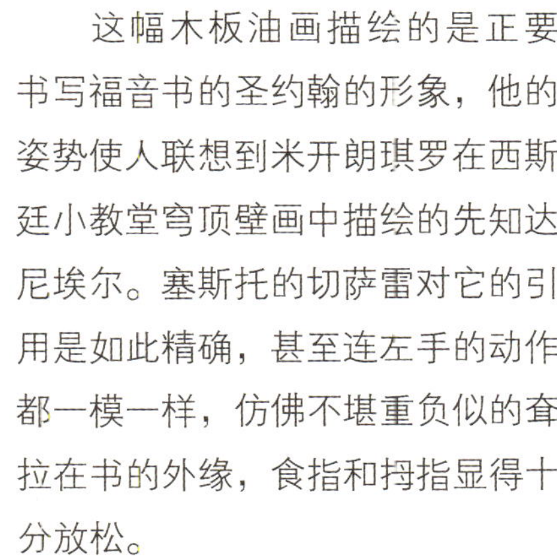

这幅木板油画描绘的是正要书写福音书的圣约翰的形象，他的姿势使人联想到米开朗琪罗在西斯廷小教堂穹顶壁画中描绘的先知达尼埃尔。塞斯托的切萨雷对它的引用是如此精确，甚至连左手的动作都一模一样，仿佛不堪重负似的耷拉在书的外缘，食指和拇指显得十分放松。

圣洛可身穿朝圣者的衣服，手中拿着探路杖，他的标志是胸前的贝壳。他曾游遍欧洲，为患瘟疫的病人治疗。从左腿的创口可以看出，他自己也不幸被瘟疫传染，之后又奇迹般地被一只狗治愈。狗在画面的下方，嘴里叼着一个圆面包。

洛伦佐·洛托

《少年的肖像》1524—1527

木板油画
34.5 cm × 27.5 cm
1876 年收藏于斯福尔扎古堡

这幅肖像画中人物的配饰很少，画家集中笔力对人物的衣服进行了细致的描绘。灰色海军制服的图案由横条纹和对角条纹组成，低领中翻出的衬衫领子上有一些绿色的刺绣。

斯福尔扎古堡获得的这幅油画并没有署名，因此至今也未找到与其作者相关的文献资料。不过，评论界一致认为这是洛伦佐·洛托的作品，而它的年代则被学者们框定在洛伦佐·洛托在贝加莫的最后那几年和他回到威尼斯之间，因为这幅肖像画与他那个时期的其他作品在风格上极为相似。

这幅油画描绘的是一位优雅的身着海军制服的少年，画家将捕捉到的一个瞬间动作呈现在了观者的眼前：少年的目光刚刚离开手中合上的书转向观者的那一瞬间。少年的头上斜戴着巴斯克帽，前额微露，额头上清晰可见帽檐淡淡的影子。借助光和色彩的微妙关系，青灰色的阴影使少年微垂的脸从背景的影子中跳脱出来，立体地呈现在画面的前景之中。少年的姿态与眼神中流露出来的强烈情感让洛托的肖像艺术在这幅作品中得到了进一步的确认。对

人物角度的选择打破了主人公与观画者之间的距离，他离我们那么近，还有些不安，对角线式的构图不仅增强了人物的动态感，也表现出了画中人局促的心理。这些都与当时的威尼托文化完全不同，也正是这位伟大的肖像画家将这些技巧带到了那个潟湖城市（译者注：即威尼斯。）。

木板油画

90 cm × 71 cm

来自路易吉・阿尔贝里科・特里乌尔齐奥的收藏品

1935 年收藏于斯福尔扎古堡

布龙齐诺

《洛伦佐・兰兹的肖像》约 1527—1528

这幅肖像的作者一直是大家讨论的主题，很长时间以来，它都被认为是蓬托莫之作，甚至 20 世纪初的一些著名艺术评论家也这样认为。对 16 世纪意大利中部矫饰派油画的深入研究，让人们辨识出画中的青年其实出自布龙齐诺之手，这位佛罗伦萨艺术家的早期作品仍然弥漫着蓬托莫画作的神韵，研究者们正是通过将这幅油画与蓬托莫作品进行比对，最终得出了上述结论。

洛伦佐・兰兹生于 1516 年，从博洛尼亚大学毕业以后，他成了费尔默主教。从他清澈的面容、紧闭的小嘴，以及盯着观者的小眼睛中流露出的惧怕中可以看出，这幅作品所画的是年幼时的他，年龄应该不超过 12 岁。他穿一件深灰色的衣服，衣服为上开口，被几根带子系住，带子的末端还配有金色的坠子，腰上系着大蝴蝶结和一条大扣的皮带。这幅肖像画是布龙齐诺青年时期的画作，也是他早期的肖像作品。画中知识分子的气息多于亲和性，比如少年手中隐约可见的书以及他贵族派的站姿，但又不失逼真，具有强烈的样式抽象主义特征，这也开拓了书卷肖像的先河，这一类型的肖像画大多出自这位佛罗伦萨大师之手。

这处细节表现的是少年手中的书。位于阴影中的那一页是《彼得拉克诗集》中的一首诗，而左边半页是十四行诗《闻名于世的充满荣耀的圣母怜子》，这首诗是贝内德托・瓦尔基献给洛伦佐・兰兹的，从这里也就辨识出了画中少年的身份。

来自乌尔比诺的尼古拉

《阿基里斯之死》
《埃涅阿斯拜访埃万德罗》约 1525—1535

花饰陶器
直径 26.7cm
来自米兰国家考古博物馆（译者注：古堡内市立米兰考古博物馆的前身。）
1864 年收藏于斯福尔扎古堡

16 世纪初，乌尔比诺的花饰陶器工艺因其卓越的品质而享誉意大利，甚至这两件作品的作者，即来自乌尔比诺的尼古拉也以“意大利陶匠王子”这个称号著称。

第一个陶盘展现的是阿基里斯之死，当他在特洛伊的阿波罗神庙中祈祷的时候，被帕里斯杀死。这个故事是奥维德在他的《变形记》第十二卷中所讲述的。从透视和建筑的角度看，场景是参照了刊印在威尼斯版的《奥维德变形记（通俗版）》（1497 年或更晚出版）中的版画插图《阿基里斯之死》而构图的。

第二个陶盘展现的是埃涅阿斯拜访埃万德罗的情景，以及画面左边云雾中的维纳斯请求火神伏尔甘赠予儿子一些武器的场景。这是古罗马诗人维吉尔在《埃涅阿斯纪》第八卷中讲述的两个故事。在这里，来自乌尔比诺的尼古拉从收录在 1528 年威尼斯印刷的《维尔吉（通俗版）》上的一幅版画中受到了启发，并在原来的基础上进行了新的演绎。与原型相较，最有意义的改变在于他将螺旋形的柱子引入了画中，这参考了圣彼得大教堂和耶路撒冷神庙的建筑结构，由此可见尼古拉对建筑构造的关注。

布面油画
176cm×126cm
1935 年收藏于斯福尔扎古堡

罗马尼诺

《宝座上的圣母与圣子以及圣人方济各、帕多瓦的安东尼和捐赠者》

圣方济各与圣安东尼是方济各会的两位圣人，由于他们在画中的出现，人们推测这是一幅摆放在行乞修会的教堂内的画屏。部分研究者指出，跪地的捐赠者是科塞雷地区的列奥纳多·马丁嫩戈伯爵，他曾委托罗马尼诺为自己装修宫殿，同时，他还是布雷西亚圣方济各教堂里圣安东尼祭坛的庇护者。

罗马尼诺早期的作品中充斥着威尼斯画派明丽的色彩，与提香善用的配色相似，画中圣母红色的衣服如今看来依然如当初一般鲜亮。画家对作品其他部分的亮度与色调都做了下调，这使得修士们的衣服呈现出一种无穷无尽的灰色，而整个场景仿佛被柔光拂过，显得朦朦胧胧。这种新的配色加上有条不紊的构图，使得他早期作品中那些原本个性鲜明的人物也变得安静祥和，营造出了一种古典的整体氛围，与此同时，他从伦巴第带来的现实主义的记忆在画作中也有所体现。画家的这些变化一方面与另一位布雷西亚画家莫雷托有关，约在 1525 年，罗马尼诺与他保持着频繁的联系；另一方面，正如现在评论界所指出的那样，这也预示着他未来的成就。

捐赠者也穿着方济各会的修士袍，跪在地上，从他与圣子热切的眼神和婴孩耶稣欢快的举止中可以看出，他们之间建立起了活跃的互动，展现出了罗马尼诺画作中所演绎出来的现实主义情感。

亚历山德罗·莫雷托

《圣乌尔苏拉和侍女》1537

布面油画
210 cm × 141 cm
来自米兰医护院
1903 年收藏于斯福尔扎古堡

18 世纪对这幅油画的修复再现了它原始画框上所镌刻的铭文："致万能的主、永远圣洁的充满圣宠的玛利亚，以及圣乌尔苏拉与她的一万一千名童贞侍女…… 亚历山德罗·莫雷托绘制于 1873 年（这里的日期标注有误，后来进行了修正）。"如今，原始画框已丢失。圣乌尔苏拉以及她的一万一千名童贞侍女在朝圣途中被匈奴人杀害，对她们殉难的致敬和崇拜在当时的布雷西亚掀起了新的精神风气，并受到了安杰拉·梅里奇教育慈善会的支持。安杰拉·梅里奇创立了以童贞女殉道士圣女乌尔苏拉命名的乌尔苏拉修女会，这是第一个专门致力于女童教育的天主教修会。

这幅画作最初摆放于圣玛利亚玛达莱娜教堂内，对它归属问题的确定则经历了相当复杂的过程，原因在于布雷西亚的圣克莱蒙特教堂内存有这幅油画的另一个版本——它的原型。圣乌尔苏拉位于画面的前景中，她头戴王冠、衣着华贵，胸前那个不知名的天使头像的搭扣是她的标志之一，同样也为安杰拉·梅里奇钟爱；在她身旁，站着一群姿态各异的童贞侍女，而在画面上方，圣母玛利亚与圣子则坐卧在云端，被天使们围绕。这种拟古主义的构图，参考了一百多年前安东尼奥·维瓦里尼为奥利维托·圣彼得教堂所绘制的《圣乌尔苏拉祭坛画》。与前人相比，莫雷托这幅画的布局显得更为轻松、自由、不受拘束，对侍女们面容的描绘融入了强烈的现实主义画风，这些细节都是他亲笔绘制这幅画的证据。

提香

《加布里埃尔·德·鲁伊兹·达拉蒙特使的肖像画》约 1541

布面油画
76 cm × 74 cm
来自路易吉·阿尔贝里科·特里乌尔齐奥的收藏品
1935 年收藏于斯福尔扎古堡

如人们所知的那样，提香作为实力大师被世人所认可是在 1533 年。在那一年的博洛尼亚，当他绘制了一幅查理五世全身像与狗的油画以后，便被赐予了无数的荣誉。加布里埃尔·德·鲁伊兹·达拉蒙的肖像画是这位大师众多肖像绘画作品之一，但油画表层与底子的保存状况并不理想。

这幅肖像画的历史要追溯到 1541 至 1542 年间，当时这位外交家在威尼斯长住，提香也因此获得了为他绘制肖像的机会。这是一幅全身像，画中特使微微将头偏向左侧，他身着一件深色斗篷，戴一条金项链，右手握着一束箭。肖像画背景为一片绿色的呢绒绸缎，提香借助巧妙的用光与轻柔的笔触描绘出了这一精致纺品上的折痕；而背景绸缎上特使的名字也被誊画在肖像画中：“法国国王特使达拉蒙阁下……前往君士坦丁堡。”部分研究指出，这幅作品经历了漫长而复杂的创作过程，然而，比起画家同时期的其他作品，《安东尼奥·波尔恰伯爵的肖像》或是《彼得·本博的肖像》却未能展现出他的最高水平。提香此前还绘制了两个旧的版本，但即使这件最终版本，也未能体现出他那种“捕捉人物内心世界”的伟大能力。

这处细节展示的是特使手中握着一束箭，这个标志的出现让我们辨识出了肖像主体的身份，或者至少让我们了解了他所从事的领域。这束箭不仅印证了从事外交活动男性的特点，同时也表明了肖像画中的人物是一位伟大的战士。这正是 16 世纪肖像艺术的特别之处。

布面油画
75 cm × 60 cm
1865 年收藏于斯福尔扎古堡

丁托列托

《雅各布 · 索朗佐的肖像画》约 1550

在重新布置过的斯福尔扎古堡美术馆中，丁托列托为雅各布 · 索朗佐绘制的肖像画恰巧摆放在提香的《加布里埃尔 · 德 · 鲁伊兹 · 达拉蒙特使的肖像画》旁边，这两位 16 世纪最伟大的大师几乎重塑了整个威尼托的肖像艺术。

雅各布 · 索朗佐 1522 年当选为威尼斯行政长官，他出现在丁托列托的两幅作品中，一幅保存于斯福尔扎古堡，另一幅收藏在威尼斯美术学院，而后者的一段包含肖像人物名字的文字则让收藏于米兰的这幅肖像找到了它的主人，因为两幅画中人物的容貌极其相似。

最初，与古堡的这件作品并排摆放的还有出自丁托列托画室和较为年轻的画家之手的其他肖像，肖像所描绘的是订购人的 14 位家庭成员（陈列于斯福尔扎古堡美术馆内）。有研究猜测，丁托列托这幅肖像作品并不完整，下半部分有可能被裁剪掉了。索朗佐身着一件织有精美图案的红色缎纹布衣服，对襟处是白色绒毛装饰的绲边。丁托列托成熟阶段初期的画作显得运笔娴熟且一气呵成，从肖像中索朗佐所穿的这件袍子可以看出，不过寥寥几笔，袍子外观便跃然纸上。但是，虽然他对人物表情刻画也非常深刻，却没能达到提香画作中表现人物内心世界的高度。

这是雅各布 · 索朗佐暮年时的画像，画家对脸部的刻画笔法自如而简练：一把胡须，依稀可从背景中分辨出轮廓的黑色帽子，以及望向观者的严厉的眼神，表现出人物冷傲的神情。

米开朗琪罗

《隆达尼尼的圣殇》1552—1564

大理石

高 194 cm

1952 年收藏于斯福尔扎古堡

这件圣殇作品的名字源自隆达尼尼侯爵，在米开朗琪罗去世后不久，他将这件雕塑摆放在了自己在罗马的宫殿庭院中。1807 年，曾有评价这样描述它："米开朗琪罗的一组新式雕塑……但众所周知，只有一个模糊不清的轮廓。"雕塑在被维梅尔卡蒂·圣塞韦里诺公爵短暂收藏以后，便被米兰市政府购得并存放于古堡内。

这是一个穷尽一生孜孜追寻着美与灵魂救赎的生命所留下来的遗作，正如他在自己的诗句中描述的那样："我模糊的双眼期盼着美，而灵魂需要拯救。"米开朗琪罗所有的天才之作都是在这样不知疲倦的追寻之路上完成的，而《隆达尼尼的圣殇》便是路的尽头。米开朗琪罗的好友达尼埃莱·达·沃尔泰拉在写给瓦萨里的一封信中说道，直到米开朗琪罗去世的前几天，他还在用力敲击这个作品。米开朗琪罗死后，人们在清点他的家产时，发现存货清单中对该作品有记载：它由两个"没有完成的人物石坯"构成。米开朗琪罗强烈的创作思路为作品赋予了灵魂，当他"雕琢"大理石的时候，似乎也被拉进了圣母拥抱耶稣的那种母性情怀中，并与之完美地融为一体。经过了漫长的研究与修复（1998 至 2002 年），在岁月中失去了昔日光泽的艺术瑰宝终于重现光彩。

汇编于米开朗琪罗去世后第二天的家产清单中提到一件雕塑品，“耶稣与位于其上方的另一个女性形象，他们紧挨在一起……”从圣母与耶稣脸庞的轮廓中可以看到，它们之间有一个不可分割的连接，而他们相互支撑的身体则表现出统一而协调的张力。

此处细节展示的是耶稣的双腿。弯曲的双腿表现出了被放弃的身体的沉重，同时，也体现了米开朗琪罗在作品构思中艺术逻辑的转变。在梵蒂冈的《圣母怜子》中，耶稣平卧在圣母的怀中，体态丰满而匀称，而从米开朗琪罗在佛罗伦萨时期所创作的几个圣殇作品到此处的《隆达尼尼的圣殇》中，双腿则表现出了耶稣直立的体态与向上直起的力度。

在雕塑群主体的左边是一条断臂，它被认为很有可能曾与打磨过的耶稣平滑的大腿连接在一起，同属于米开朗琪罗于1552至1555年间创作的第一版本的一部分。这就意味着在米开朗琪罗新的创作思路中，他还将用到这块从主体中“取出”的大理石。（译者注：《隆达尼尼的圣殇》为米开朗琪罗在其创作的第一版本“圣殇”的基础上修改却又未能完成的第二个版本；第一个版本中，圣母的双臂从耶稣的腋窝下伸出，并用力托举着他；大约在1554年，米开朗琪罗有了新的想法，他利用第一版本中圣母身体的部分创造出一个新的耶稣，并从第一版本中耶稣左肩和胸的部位找出一个地方为圣母创造了一个新的身体；第一版本中的耶稣只保留了弯曲的双腿。）

朱塞佩·梅达

《米兰市的旌旗》1565

丝织绣品，部分蛋彩画
344 cm × 500 cm
1565 年收藏于斯福尔扎古堡

圣安布罗斯位于门槛之上，手持鞭子和权杖，在他的脚下，有两个仰卧的士兵。他的主教服由大片金色的锦缎织成，其上饰有罗勒花藤的图案、“天使报喜”的图案以及圣彼得、圣保罗和圣巴尔纳巴几位圣人的形象。

由 BBPR 建筑事务所于 1956 年设计的古代艺术博物馆的第七展厅被象征性地称为“旌旗厅”，这便体现了这件作品的传统意义与艺术价值。关于这件作品最初的记载要追溯到 1546 年，当时的米兰副主教与监粮官（即地方行政官）委托刺绣工杰罗拉莫·德尔菲诺内来完成这面旌旗。但事实上，这个委托并没有对应的下文。根据 1565 年的文献记载，朱塞佩·梅达所设计的图案，以及杰罗拉莫的儿子希皮奥内·德尔菲诺内与卡米洛·波斯泰尔拉所完成的刺绣工作都被付以报酬，他们的工作流程参照了布拉曼蒂诺的《月历图》（见《月历图挂毯》），即在艺术家绘制完图案以后，由专门的制造厂跟进制作。

旌旗于 1565 年完成，在米兰大教堂举行的庆典中，由圣·卡洛·博罗梅奥在市民面前为它祈福。挂毯上描绘的内容也无疑是具有古典含义的：它将多个罗马帝王凯旋门的特点融合在一个图案之中。位于画面中央拱门下的是

城市的守护神圣安布罗斯，两边的柱子上描绘了与他有关的四个生活场景：蜜蜂的奇迹；帖撒罗尼迦大屠杀后，安布罗斯在神庙前拦住狄奥多西；西勒米奥宗教会议上一位贞女祈求安布罗斯的降临；弗里吉尔德的使者向安布罗斯表示敬意。

布面油画

62 cm × 50 cm

来自路易吉・阿尔贝里科・特里乌尔齐奥的收藏品

1935 年收藏于斯福尔扎古堡

乔瓦尼・巴蒂斯塔・莫罗尼

《巴托洛梅奥・科莱奥尼的肖像画》

1566—1569

人们在长期的研究中发现，在 15 世纪的肖像作品中所绘制的科莱奥尼将军的形象与该肖像甚为相似，这反映出该形象在艺术作品创作中得到反复运用的事实，但对这种带有铠甲外衣与长矛架的胸甲的描绘却未能在其他作品中找到。在人物肩膀上，胸甲的一处反光使人物显得格外逼真。

这幅纪念性的肖像画是典型的 16 世纪的作品，创作的初衷是为杰出人物留下具有历史价值的形象资料。在这种背景下，可以辨识出这幅完美的人物侧面像是根据纪念章上的人物形象绘制的，下方大理石板上镌刻着“巴托洛梅奥・科莱奥尼・贝加莫”的文字。莫罗尼一共画了三幅科莱奥尼的肖像：第一幅为将军的后裔马丁嫩戈家族而作，保存于斯福尔扎古堡内；第二幅为贝加莫的悲悯基督教堂所作，并被教堂最初收藏；第三幅在 1899 年被提到过，但已失传。此外，有文献资料证实，古堡内此幅肖像曾被贝加莫人彼得罗・斯皮诺用于 1569 年在威尼斯发表的《杰出战争将领的生活与事迹的历史……》一书的扉页中。

科莱奥尼的侧面像突出了科莱奥尼将军特有的特征：浑圆的头顶，几乎剃光的头发，薄唇，小眼，眼窝深陷，仿佛正在眺望远方。实际上，在这种“仿古”的肖像绘制过程中，为了使人物显得自然逼真，莫罗尼使用了一些技巧、比如耳朵和嘴唇处的光线、明暗法等，这些技巧将人物脸部的红润感真实地表现了出来，而肖像男子的将领气概也从表情的刻画中跃然而出。

安东尼奥·坎皮

《圣塞巴斯蒂亚诺的殉道》1575

布面油画
210 cm × 137 cm
1938 年收藏于斯福尔扎古堡

该作品悲剧性的支点体现在圣塞巴斯蒂亚诺别过去的脸与他健壮的上半身。明暗法营造出了他极具魅力的肌肉的光泽。圣塞巴斯蒂亚诺交叉在头顶的手臂展现出了他的力量与活力。

在圣塞巴斯蒂亚诺脚下的石头上，镌刻着“安东尼奥·坎皮 / 来自克雷莫纳 /1575 年”的字样，这一点明确了这幅油画的作者与年代。文字中所提到的画家的家乡克雷莫纳，让人们猜测这幅画原本并不属于那里，而是被摆放在米兰的一个教堂内，有评论家提出，这个教堂是米兰圣安东尼奥修道院，因为在 16 世纪到 17 世纪末的一些游览手册中曾提及这个修道院存有一幅与之相同的画。

根据当时宗教订购人的要求，场景的布局十分简单：中间是被一层薄纱遮盖的圣塞巴斯蒂亚诺，他的双臂被捆缚在一棵树上，盔甲丢弃在地上，左下方那位年迈的弓箭手正要向这位圣人射箭。画作对自然环境的描绘渲染了殉道的悲剧性，也使得整个场景构图显得丰满。从死灰色的天空中隐约透露出来的光色湮没在了圣人周身耀眼的光芒之中，光线如实地勾勒出每件景物的轮廓，使它们在暗淡的背景中显得无

比鲜艳。画家之所以选择这个主题，除了圣人经历磨难的再现是艺术作品常用的题材这个因素以外，还取决于他曾在当地的多索·多西的圣塞巴斯蒂亚诺学校学习的重要机遇。多索·多西是早期的意大利北部矫饰派画家，他的那幅《圣塞巴斯蒂亚诺》收藏于克雷莫纳天使报喜教堂。

布面油画
312 cm × 207 cm
来自米兰索马尼安德烈亚尼宫
1935 年收藏于斯福尔扎古堡

马洛索

《牧羊人、阿西西的圣方济各与圣基亚拉的朝觐》约 1580

画面左下方两个牧羊人正准备捆绑一只羊羔，他们左边的一条狗也“好奇”地看着这个场景。这里表现了马洛索对现实主义的执着关注，他是一位现实主义的伟大践行者。牧羊人手中点亮的油灯进一步印证了这幅朝觐油画中以光为主导的智慧。

这幅表现耶稣出生的油画作品分为三个区域：圣子位于画面中央，光芒从他向四周辐射，照亮了圣母玛利亚、圣基亚拉（圣体盒及方济各会的服装等这些典型的标志表明了她的身份），以及左边的身着修士袍的圣方济各，几个姿态各异、神态各不相同的牧羊人将画面占据；位于中间的带状区域里，一边描绘的是一家旅店的老板在门口手持火把迎接另外两个牧羊人的情景，另一边描绘的则是夜晚的天空；上方的区域是三位天使，他们手捧着一张写有《荣耀归主颂》的纸带，虔诚地颂扬救世主的出生，在他们身后，是一群天使以及天堂的穹顶，这里是该作品的第三个光源之所在。

在“光”的导演下，作品呈现出多中心的构图，反映了马洛索这个时期正处于探索阶段，这一点也同时表现在他 16 世纪 80 年代的其他作品中。他的研究和探索大多与同乡安东尼奥·坎皮（见《圣塞巴斯蒂亚诺的殉道》）的实践主义相关，而在认清这个源头的同时，也必须承认马洛索的作品又是与之完全不同的。在这幅朝觐的油画中，人们并没有感受到朦胧明暗法的运用，人物身体上的光线勾勒出了他们清晰的轮廓，并使画面的颜色呈现出偏冷的色调，而有的地方甚至出现了闪光色，例如圣母的斗篷。

乔瓦尼·巴蒂斯塔·克雷斯皮（人称切拉诺）

《大天使圣米迦勒》1605—1610

木板油画（油性蛋彩画？）
98 cm × 76 cm
1863 年收藏于斯福尔扎古堡

这幅画所表现的是大天使圣米迦勒的形象，他身穿古典式战袍，手里握着盾牌和长矛，被四个角落里的人物包围。在他的上方，是两位分别拿着剑和天平的天使，剑和天平是公平与正义的象征物；下方是两个魔鬼似的形象，不仅裸露着身体，还长有浓密的胡须。尽管订购者的身份并不明确，但画板过小的尺寸不禁让人猜测它用于私人摆设的作用。此外，魔鬼化身为两个巨人的形象并不常见，这给作品增添了某些象征意义，表达了对新教“七大”宗派与土耳其人的反对。

针对这件被定义为画家“早期作品”的画，由于没有文献资料，在作品的创作年代方面，评论界有着诸多猜测，其中不乏完全相左的意见。而在最新的研究中，考虑到它与切拉诺其他作品的关系，这幅作品的创作年代被框定在了 17 世纪的第一个十年内。一方面，从两个巨人恶魔扭曲的形态、紧绷的肌肉，以及圣米迦勒那用力向前伸展的古典却又不自然的右臂的姿态和近乎晃眼的盔甲颜色来看，该画表现出了矫饰主义的感觉；另一方面，将各个形象元素聚在一起的这种特定次序的构图又展现了一种新的造型艺术，而人物的紧张感则表现了这位皮埃蒙特画家的艺术风格与天主教改革之间有着不可分割的联系。

伦巴第艺术

帕萨拉夸的木橱　1613

胡桃木、树根雕刻，贵重材质，铜版油画
207 cm × 154.5 cm × 81.5 cm
1885 年收藏于斯福尔扎古堡

这种小尺寸的壁橱流行于 17、18 世纪的欧洲贵族家庭，而伦巴第地区的米兰则是一个重要的产出中心。这个精致的木橱由科莫的牧师昆蒂利奥·卢奇尼·帕萨拉夸订购，之所以将它选入斯福尔扎古堡的收藏，是因为其材质的贵重和与众不同。

木橱由上下两部分组成：下半部分为对开门式的柜子，柜子的四角分别雕有六个人物像；最为珍贵的上半部分为立体的双层建筑结构，其内嵌有五座神龛，摆放着具有特定寓意的象牙雕刻，神龛的下方均饰有一幅铜版油画。上下部分之间有一块可翻转的活动板，镶嵌着罗勒花藤图案的边框，立起来可将整个上半部分遮盖住，起到保护作用，平放时则可做写字台使用。那些被石英薄板保护起来的“袖珍”铜版油画是莫拉佐内（见《圣灵降临节》）作品的复制品，表现的内容是《圣经》中与理性感悟有关的情节。此外，栏杆的石头与窗户上所镶嵌的画表现的也是类似的主题。正面五个拱形小窗的下方是一些大小不一的抽屉。这件作品的订购人具有很高的文化修养，遵从其意志而订制的这件作品也同样体现出了与至高无上的理性精神相吻合的气质。

莫拉佐内

《圣灵降临节》约 1615

布面油画
285 cm × 178 cm
来自米兰朱利康素蒂宫会议厅
1878 年收藏于斯福尔扎古堡

这件作品最初被安置在朱利康素蒂宫会议厅的穹顶之上，会议厅在当时是供米兰权贵们开会使用的。1771 年，作品被移至位于新布洛乐托宫（译者注：即当时的市政厅，如今被称为卡尔马尼奥拉宫。）的白雪圣母堂内，这个礼拜堂是当时法院的新办公地点。之后，作品又被放置在了马力诺宫内。1944 年，人们从斯福尔扎古堡的寄存品中再次发现了它，尽管早在 1878 年市立博物馆的藏品档案中就已经有它的存在了。在古堡美术馆内，它与来自朱利康素蒂宫法院大堂的画作摆放在一起，这让观者误以为它们同属于一组画。然而，当它被摆放在毗邻的那个大厅时，反倒更能展现出它的文化内涵，并让人们知晓它曾被放于天花板上。

这幅画描绘了圣灵降临节这一主题，圣灵以鸽子的形态出现，带着夺目的光晕从一团云朵中钻出，落在圣母与圣徒们的身上。画面中的云朵与光晕组成了一个同心圆。这种构图极为巧妙，人物排列于画布的一周，展示出了一种与众不同的持续的动态效果。由于作品位于天花板上，在观者从下往上的视角来看，莫拉佐内的人物显得非常立体。作品主要对象与其他人物被这样大面积地干脆利落地描绘成一圈，正是这位瓦雷泽画家的特点。作品色彩则来源于威尼托画派的色调，十分鲜明，但画家通过明暗的手法将其逐渐减淡。

朱利奥·切萨雷·普罗卡奇尼

《君士坦丁接受耶稣受难留下的圣物》1620

布面油画
240 cm × 180 cm
来自米兰朱利康素蒂宫法院大堂
1878 年收藏于斯福尔扎古堡

与莫拉佐内的作品（见《圣灵降临节》）一样，普罗卡奇尼的这幅画也是由朱利康素蒂宫订购的，只不过它被摆放在了法院大堂正对着大窗的位置。这组人物旨在向圣安布罗斯和他的教堂致敬，其中，君士坦丁因颁布的法令（译者注：公元 313 年颁布的《米兰诏书》承认罗马帝国内所有宗教自由。），在历史上发挥了非常重要的作用。画的下方标有完成的时间（1620 年）以及画家签名的缩写“G. C. P. F”，即“朱利奥·切萨雷·普罗卡奇尼”。令人好奇的是，他在 1605 年便收到了部分酬劳，这比他交画的日期提前了相当长的一段时间。

画面构图受到了学院派的影响，显得极为刻板。同时，与 16 世纪末伦巴第矫饰派的模式非常相似，作品夸大了对人物纪念碑似的塑造以及对形体结构的强调。画面右上方的君士坦丁正从四个人的手中接过耶稣受难的圣物，这四人如花环一般围绕在君士坦丁周围，他们之中有一位长衣老者、一个士兵以及一位跪地的妇女，这种蛇形的环绕正是矫饰派画作的特征。需要指出的是，与人物外形相称的色彩让画面的色调显得十分柔和。

彼得·保罗·鲁本斯

《露天的三个女人和裸体小孩》1630—1640

木板油画
30 cm × 32 cm
1955 年收藏于斯福尔扎古堡

这是一幅小尺寸的画作，单色、少而仓促的笔画仿佛在告诉人们它是一幅小型油画的速写稿。鲁本斯留下了三幅绘画草稿，除这幅外，另两幅分别保存于佛罗伦萨的皮蒂宫和华沙。评论家们发现，这三幅草稿之间的相似之处在于，那幅存于佛罗伦萨的草稿表现的是一个与神话有关的主题，描绘了古典式装扮的希腊三女神形象；而其他两幅表现的题材与之接近，但三女神的服饰则是当时流行的样式。此外，三幅画的人物形象都与画家生命中最后几年里创作的《美惠三女神》(保存于马德里普拉多博物馆)十分相似。

与另外两幅一样，鲁本斯这幅保存于米兰的绘画草稿也突出表现了画面中间这位面向观者的人物形象，而位于前景左边的两个裸体小孩正一边拉着她的衣角，一边拿着她的王冠玩耍。这位妇人的头饰与发型让人们联想到鲁本斯另一幅存于普拉多博物馆的著名作品《爱神的花园》中的那位主人公，她也是位于画面中央，其面容是根据艺术家的第二任妻子所作。在这幅画稿中，人们不难发现这个经典的格调表现的是艺术家家庭生活的氛围，这也是鲁本斯创作末期的特点。

弗朗切斯科·德尔·卡伊罗

《狂喜中的圣方济各》1633—1635

布面油画
74 cm × 53 cm
1905 年收藏于斯福尔扎古堡

20 世纪，该油画的作者归属问题遭到了多次的讨论。古堡博物馆获得这件作品时，将它归属为切拉诺（见《大天使圣米迦勒》）的作品，不久便有学者认为它应是莫拉佐内（见《圣灵降临节》）的作品。与此同时，另外一部分人则称它出自年轻时的马尼亚斯科（见《集市》）之手。在这些猜测的前提下，直至 20 世纪中叶，该画才最终被认定是卡伊罗早期的作品。

这幅作品表现的是沉浸在狂喜的激动中的圣方济各，他形容枯槁，面容也有了改变，用力交握在一起的双手表现了身体的紧绷感，对角线构图方式的人物轮廓湮没在背景中，表现出萧瑟的孤独感。从技术层面看，画家的绘画功力相当深厚，在整体深色调中通过对光的少量运用——特别是双手与脸部——更突出表现了人物的特点与主题，而模糊的笔触也强化了修士袍的破旧感。这幅油画与卡伊罗 17 世纪 30 年代早期的其他作品十分相似，人们据此推断，该画完成于以红衣主教费代里科·博罗梅奥的传教为标志的伦巴第宗教热时期，这一时期艺术作品的中心主题正是对基督受难的反映与祈祷，而这件以圣方济各为对象的油画与之十分贴切。

卡洛·弗朗切斯科·努沃洛内

《圣朱塞佩与圣子》约 1638

布面油画
74 cm × 80 cm
来自卡米洛·坦齐和卡洛·德拉夸的收藏
1881 年收藏于斯福尔扎古堡

尽管这幅作品的一些特征，例如作品的尺寸和构图风格，与起初在米兰朱利康素蒂宫法院大堂后又移至新布洛乐托宫白雪圣母礼拜堂（见莫拉佐内和普罗卡奇尼）的那一系列作品十分接近，但最新的研究依然对它的来源存疑，原因正是在于它经历了太多次的搬家。

实际上，在 1879 年对古堡美术馆的第一次公开维修改造期间，上述所提到的那一系列作品就全部被安排展出，但努沃洛内的这幅作品并不在其列，因为当时它依然被卡米洛·坦齐收藏着。由于它并未与法院大堂的那些作品收藏在一起，其来源也因此经历了很长一段时间的探讨，而米兰旧版旅游手册中出现的存于上述礼拜堂的圭多·雷尼的《圣朱塞佩和圣子》也让讨论变得更为复杂。最终，与已知的可能是卡洛·弗朗切斯科·努沃洛内作品特征的相似程度，成了这幅画被认为是归属于他的第一个参考依据。这幅作品与法院大堂内明确标注了努沃洛内身份的画作，如《圣安布罗斯》和《圣阿格斯蒂诺》十分相似的特点也进一步确认了这幅《圣朱塞佩和圣子》是他的作品。上述画作目前也存于古堡美术馆。通过作品间的比照可以推断出这幅画完成于 17 世纪 40 年代。

圣朱塞佩慈父般地托着圣子，亲密地将他搂在怀中。二人的动作与眼神中流露出了愉悦与亲切的感觉，柔和的色调与模糊的笔触为画面营造出一种充满温馨情感的氛围。

布面油画
178 cm × 128 cm
1899 年收藏于斯福尔扎古堡

何塞·德·里贝拉

《隐居圣人》约 1650

卡拉瓦乔带来的自然主义的新风无疑影响了 17 世纪上半叶的许多画家，“小西班牙人”何塞·德·里贝拉也在其列，正如他在这幅《隐居圣人》中所表现的那样：位于前景中的岩壁处在半明半暗之中，打开的缺口中露出黄昏时分的天空。关于画中人物的身份存在一些疑义。起初，人们认为是杰罗拉莫，因为在人物的身旁摆放着一个头骨。然而最新的研究认为，鉴于画面右下角出现的王冠，其他一些苦行者，如圣奥诺弗里奥、圣普罗科皮奥或隐修的圣保罗在形象上也与之接近。

这幅作品所描绘的是一个封闭的空间，构图紧凑而完美。评论界对于它的归属问题一直争论不休，到底是出自这位瓦伦西亚画家之手还是他画室的学生呢？人们在这两个猜测之间摇摆不定。尽管时至今日画家的身份依然存疑，

但作品与 1652 年“小西班牙人”署名的另一幅画有着必然的、密切的关联却是公认的，因此，人们更倾向于认为古堡博物馆的这幅油画出自这位艺术家之手。在这幅作品中，里贝拉用其强烈的表达方式进行了极有意义的尝试，这也是他对卡拉瓦乔文艺理论领悟的结果，刻画了一个年迈、单薄的隐居者形象，这是画家对明暗法纯熟运用的结果。

隐居圣人交叉的双手位于画面正中央，在构图中形成强烈的视觉上的冲击。画家采用了悲剧现实主义的手法，通过对干枯的、布满皱纹的皮肤的描绘，凸显了苦行者的年迈与身体上的痛楚。

塞巴斯提亚诺·里奇

《圣安东尼奥的冥想》1694—1696

布面油画
147 cm × 114.5 cm
1988 年收藏于斯福尔扎古堡

令人好奇的是，17 世纪时表现圣人冥想的主题成为许多画家的首选，包括“小西班牙人”的那幅作品（见《隐居圣人》），这可能与当时的宗教环境有关，因为在天主教的信条中，冥想是苦修的一个关键时刻。

这幅油画表现的是一个世俗生活的场景，位于画面中央的是圣安东尼奥，他的双手放在一本打开的书上，面对突如其来的冥想而祷告，冥想以魔鬼的形态出现在他的右边；在他左边的石头上放着几本书和一个头骨，念珠缠绕在手臂与破旧的衣服上，营造出一种专注、深刻的冥想氛围。灯光昏暗，局部却极为鲜艳，这与马尼亚斯科（见《集市》）的画风有一定的关联，对油画外观的处理则回归其本色，如那个魔鬼的脸孔，而老人红润的脸色以及强壮的肌肉骨骼则确认了这是里奇的亲笔。在 1996 年米兰画展上，评论家们通过将热那亚画家马尼亚斯科的作品与《圣安东尼奥的冥想》对比之后，也支持了这一观点。米兰市立博物馆购得的这件藏品在很大程度上丰富了美术馆的馆藏，也填补了 17 世纪晚期意大利画家作品的空白。

彼得罗·莱伊和安东尼奥·费雷蒂

八瓣葵口形深腹盘及带盖花卉纹大汤碗 18 世纪最后一个 25 年

这两件艺术品只是意大利浩瀚的陶器艺术的个代表，意大利陶艺在 18 世纪下半叶发展迅速，伦巴第、坎帕尼亚以及亚得里亚海地区的技艺尤为精湛。第一件艺术品为一只花瓣状深腹盘，与之相配的还有一只同样花色的浅底盘。这件艺术品来自佩萨罗地区，由彼得罗·莱伊在 1770 年间制造。盘子呈八瓣葵口形，棕色边缘线，盘边饰有紫罗兰色的风铃草、绛红色的玫瑰以及盛开的雏菊等植物纹样，丰富的色彩经过小火的烧制工艺得以固定在盘面上。

花饰陶器
盘子：直径 23.2 cm
汤碗：21 cm × 35 cm × 33 cm
1895 年收藏于斯福尔扎古堡

第二件艺术品来自伦巴第地区，更准确地说是出自洛迪的安东尼奥·费雷蒂之手，约完成于 18 世纪最后一个 25 年间。这只带盖花卉纹大汤碗为一套瓷器中的一个，整套作品还包括三只椭圆形和一只圆形的盘子，均收藏于古堡博物馆中。汤碗主体呈六瓣葵口形，表面上釉，两侧带有弧形把手，碗盖呈双层鼓起状。品红色玫瑰及墨绿色叶子的周围饰有黄、蓝色小花，花瓣均以黑色细线勾边，描绘极为细腻。两件艺术品的背面均有形状与颜色有所差异的一笔，为两位艺术家的签名。

弗拉加尔加略（维托雷·吉斯兰蒂）

《自画像》1732

布面油画
53cm×48cm
1863年收藏于斯福尔扎古堡

在19世纪中叶的几次清点中，这幅油画已被认为是“弗拉加尔加略的肖像画”，正如后来发表的研究评论所说，画中人物的容貌与收藏于贝加莫卡拉拉学院的那幅十分著名的、完成于1732年的署名之作《弗拉加尔加略自画像》十分相似。此外，与他所画名气较小的及之后所完成的其他画作也很相像。同时，这些对照也为古堡收藏的这件作品明确了年代，因为两幅作品中人物的年纪与容貌差别极小。这位在当时声名显赫的贝加莫画家，收到了各式各样的自画像的订购单，为后人留下了宝贵的艺术财富。

与保存于卡拉拉学院的那幅自画像相比，这幅画进一步收缩了画面的背景，将人脸完全放置于前景之中。画中人稍稍侧向一旁，脸部微斜45度角，人物的跳脱感集中于涣散的眼神之中，进一步表现了这位贝加莫大师的深沉。

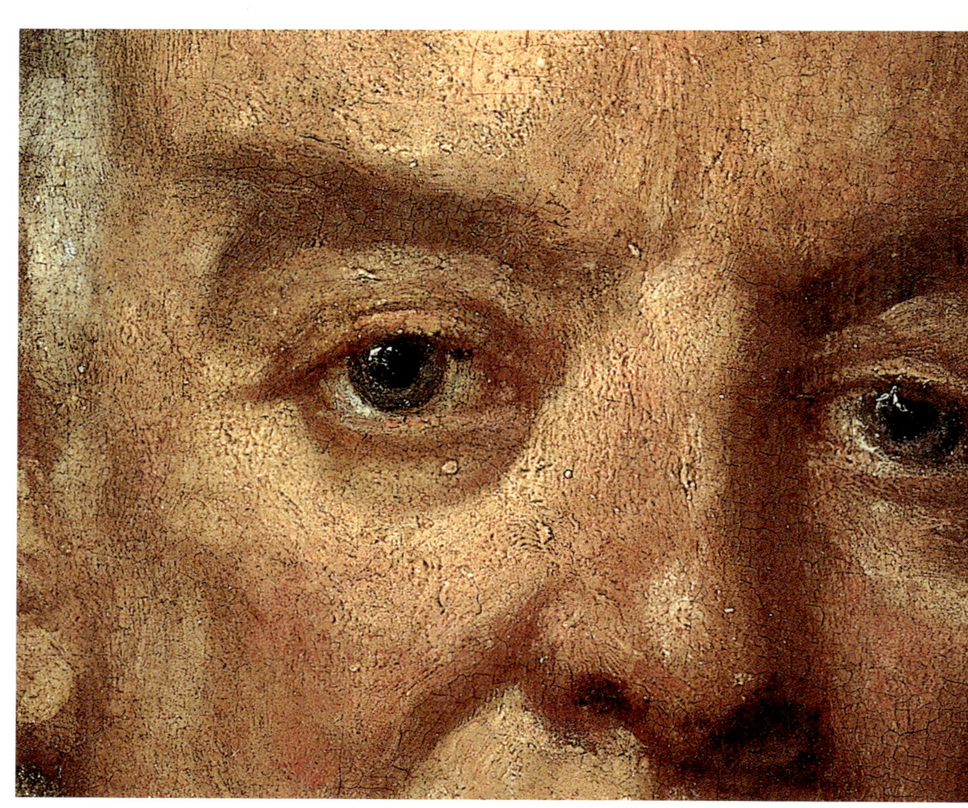

此外，得益于20世纪50年代和70年代的修复工作，该油画保存状况良好，也使得弗拉加尔加略绘画艺术在形式上的特色备受赞誉。油画的材质细密、有颗粒感，色彩鲜明，颇具大师晚期绘画的特点。

布面油画
122 cm × 167 cm
1881 年收藏于斯福尔扎古堡

亚历山德罗·马尼亚斯科（及合作者）

《集市》(《维尔兹埃累集市》) 约 1733

此处为全画中最值得探究的一处细节，它用鲜活的笔调勾勒出一个生活的场景：位于左边的三家店铺，叫卖的小贩们，在各个摊位间闲逛的优雅的客人以及乘马车而至的绅士们。

该作品来自贵族卡米洛·坦齐的私人藏品，在清点的时候它被当作《马尼亚斯科：维罗纳集市》收藏。20 世纪时，它获得了一次规模庞大的展出机遇，即始于 1992 年的“17 到 18 世纪意大利作品展”。其间，鉴赏家们发现该画作在笔法上的不一致，这也表明该画作其实出自多人之手——也许为四人，这也符合了 17 到 18 世纪间流行的习惯。

于是，此后的研究便致力于鉴定画家的身份。人们认为，马尼亚斯科执笔的部分包括后景中的人物、画中的雕塑以及部分建筑。最新的研究指出，这个集市为米兰维尔兹埃累集市，否定了此前所认为的“维罗纳集市”的说法。该油画表现的是当时地道的集市“买卖”，依照舞台布景构图，其间有若干通向更深处的入口，如背景建筑中两个哥特式的拱门，并力求对一些细节之处进行透视处理，如位于画面前景中央的救世主柱——著名的为纪念 1630 年瘟疫而建造的“耻辱之柱”。

卡纳莱托

《面向斯基亚沃尼滨河大道的码头及圣马可柱》1742

布面油画
110.5 cm × 185.5 cm
1995 年收藏于斯福尔扎古堡

与塞巴斯提亚诺·里奇的作品（《圣安东尼奥的冥想》）一样，卡纳莱托的这幅油画也丰富了古堡美术馆的馆藏，此幅画为 18 世纪威尼斯画派的佳作。该画为一组以双视角描绘圣马可广场对称画中的一幅，它的视角面向斯基亚沃尼滨河大道，另一幅则面向造币厂与大运河。在卡纳莱托的代理人约瑟夫·史密斯领事的协助下，这两幅画均被纳入利兹城堡的收藏。1920 年，这两幅画在伦敦佳士得拍卖行被阿尔贝蒂尼拍得，并由此进入意大利。1995 年，在菲拿特拍卖行的一次重要拍卖中画作由米兰市政府购得。

这组对称画之所以被公众广为知悉，得益于“18 世纪意大利作品展（1929 年）”和“18 世纪威尼斯画派精品艺术展（1995 年）”。事实上，对两幅画年代的确认要归功于它们难能可贵的诞生时机，因为就在卡纳莱托完成画作后，与原作几乎如出一辙的蚀刻复制品很快在城市中流行起来，而这些印刷品的出版年代则明确在 1742 年，这为两幅对称画年代的考证提供了一个有力的界限。在这两幅画中，卡纳莱托将 18 世纪威尼斯活跃的日常生活场景巧妙地概括并融入立体的构图之中，表现了他高超的叙事水平和非凡的观察力。

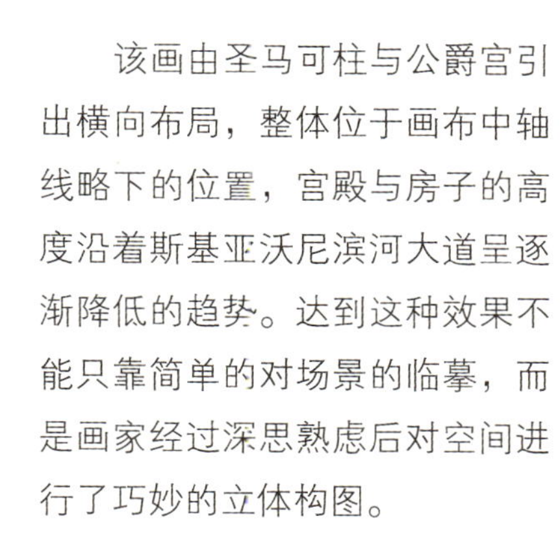

该画由圣马可柱与公爵宫引出横向布局，整体位于画布中轴线略下的位置，宫殿与房子的高度沿着斯基亚沃尼滨河大道呈逐渐降低的趋势。达到这种效果不能只靠简单的对场景的临摹，而是画家经过深思熟虑后对空间进行了巧妙的立体构图。

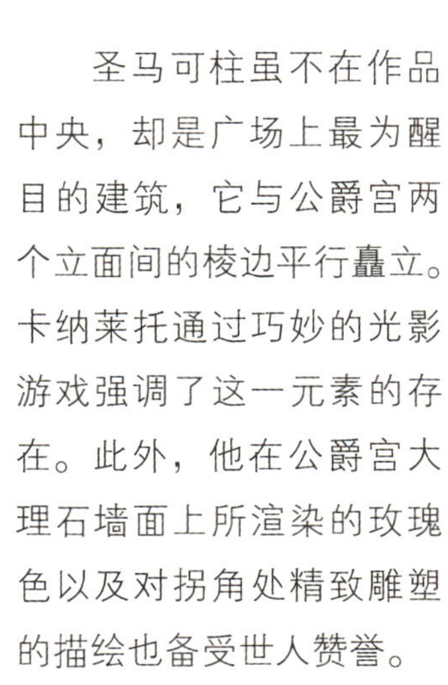

圣马可柱虽不在作品中央，却是广场上最为醒目的建筑，它与公爵宫两个立面间的棱边平行矗立。卡纳莱托通过巧妙的光影游戏强调了这一元素的存在。此外，他在公爵宫大理石墙面上所渲染的玫瑰色以及对拐角处精致雕塑的描绘也备受世人赞誉。

海面的货船与贡多拉构成了一幅生机勃勃的生活画面，仿佛能够听到它们与公爵宫以及游客的对话。船夫与水手们正要靠岸，这也进一步增添了场景的生活气息。卡纳莱托借助其灵活而轻柔的笔法用白色描绘出了船只投射在海面的影子与水面泛起的波纹。

贝尔纳多·贝洛托

《朱利康素蒂宫和米兰市政厅》1744

布面油画
71 cm × 56 cm
1998 年收藏于斯福尔扎古堡

这幅油画与卡纳莱托的对称画以及塞巴斯提亚诺·里奇的《圣安东尼奥的冥想》均为米兰市政府于20世纪购得的重要作品，它们陈列于古堡美术馆中，最近一次对美术馆的整修规划更让它们大放光彩。这件油画由贝洛托在伦巴第首府及内地逗留期间所作（1743到1744年），原藏于英国，近些年才再次进入意大利。作为画家成熟时期的作品，除了其内在价值外，它同时也是一份优秀的历史文化资料，因为它描绘的是米兰市中心的建筑。

该画所呈现的是被称为新布洛乐托宫（即新市政厅）的建筑风景。画家运用透视法细致描绘了左侧的朱利康素蒂宫，与它挨在一起的是纳波·托里亚尼塔，后亦被并入市政建筑群中；对于右边的法理宫，画家将其设置于阴影处，这使得建筑的大门呈现出半明半暗的效果，提升了画面的视觉感。以透视法描绘的走廊将观者的视线引领到最深处，那里是鱼市的大门，它曾是这条街道的入口，但在19至20世纪的城市改造中被拆毁。

詹巴蒂斯塔・提埃波罗

《使徒圣露琪亚》约 1748

布面油画
39 cm × 23 cm
1863 年收藏于斯福尔扎古堡

该作品为一幅小尺寸的草图，是画家在为威尼斯圣阿波斯托利教堂的科尔涅礼拜堂绘制祭坛画屏期间所作，它与成品之间的差别也十分明显。与最终版本相比，草图中的人物并不多，身后是一片柔和的风景；在草图中，画家抓取了殉道的高潮阶段来构图，即匕首刺入圣人肩膀的那一刻，而最终版中所描绘的内容则是“临终涂圣油礼”这一使徒最后的仪式。此外，这里的画中人物均身着东方服饰，显得朴素而统一。评论家猜测，这些变化与订购方科尔涅礼拜堂明确提出的“庄重”要求有关，或是出于对这位同时负责监管阿波斯托利教堂修复工作的礼拜堂神甫的敬畏。

尽管这幅小尺寸油画只是草图，但沉稳而富有节奏感的线条也展现出画家对构图与形式十分在意的特点，这一特点不仅让艺术家闻名于整个欧洲，也让其将 18 世纪的几次重要的宫廷艺术创作纳入了他的职业生涯。画中的人物形象与建筑背景虽然只是刚刚勾勒出轮廓，但明显地体现了色阶的变化，某些地方色彩极为鲜明，而在半明半暗之处又逐渐柔和，如左边两位教士上半身的衣服以及带槽立柱上白色的线条。

贾科莫·切鲁蒂（人称“小乞丐”）

《纺纱女与背背篓的农民》约 1765

布面油画
218 cm × 143 cm
1953 年收藏于斯福尔扎古堡

贾科莫·切鲁蒂的作品多以农民、乞丐等穷苦人民为描绘对象，表现他们的生活实情，作为这类不常见的甚至鲜有人涉足的主题的拥护者，他不仅在 18 世纪的画坛享有盛名，还因此获得了一个意味深长的绰号：小乞丐。罗伯特·隆吉与乔万尼·特斯托利在评论中对他的探讨则让人们再次对他的作品产生了兴趣。

20 世纪 50 年代由美术馆倡导的艺术品购买政策，旨在重新评判伦巴第大师们的作品，因此这幅油画也被纳入了斯福尔扎古堡的艺术品收藏。后期的研究均集中在作品的创作年代问题上，最终将其归入“小乞丐”成熟期的作品中。在这个前提下，人们注意到，正如画家 18 世纪 50 年代的其他作品那样，该幅油画的构图不再集中于前景，背景的区域也不固定，景色以弥漫的方式出现在画面的各个角落。此外，油画的颜色较浅，显得光鲜明亮，仿佛上了一层釉色。在画家的早期作品中，穷人的故事通常感人至深，甚至悲情，人物也多具有关联性，而这幅作品中的人物则显得恬静、端庄。评论家认为，这样的特点是受了法国重农主义理论的影响，旨在将农业与乡村的劳作高贵化。

此处细节表现的是背背篓农民的姿态：他刚迈开双腿，以45度角面向观者，一只手扶在胯上，另一只手撑在一块石头上，位于前景与背景之间。他双肩上背着一个竹篓，衣着看上去十分得体且让他感到舒适，因为衬衫的扣子是松开的。

在对纺纱女的描绘中，画家将大量注意力集中在对她手里工具的刻画上——女子右手握着一个纺锤，左臂上是一根用来纺织的木杆。与画家早期作品中的人物不同，她身着节日盛装，展现出优雅与高贵的姿态，脖子上红色的项链更衬托出她的气质，她的眼神则呈现出一种沉静之美。

在切鲁蒂田园风格的作品中，与农民一同出现的通常还有他们饲养的牲畜和家禽，这甚至也成为他着力刻画的对象。位于前景中的狗趴在主人脚边，它倾斜的姿态呈现出极为强烈的立体感，将观者的目光引入画中。

弗朗西斯科·瓜尔迪

《风暴》18 世纪最后一个 25 年

布面油画

33 cm × 45 cm

1863 年收藏于斯福尔扎古堡

瓜尔迪是 18 世纪威尼斯的风景画画家，但是以海上风暴为描绘对象的作品并不常见，大约只有十几幅，且创作年代的跨度很大。该幅油画被普遍认为属于画家成熟阶段末期的作品，现收藏于斯福尔扎古堡中。相比于瓜尔迪所钟爱的荷兰绘画，这幅油画更接近马尼亚斯科和里奇（见《集市》和《圣安东尼奥的冥想》）的绘画风格，显现出整洁而极其纯净的特征。

这幅构图不对称的油画所展现的是在遭遇风暴的大海上，三艘两桅帆船在巨浪中颠簸的情景。画面最左侧四分之一处只能看见一艘船的船尾，而地平线五分之一处只出现了一根主桅。由风暴力量所引起的旋风、逼近海平面的铅灰色的天空以及白云之间出现的一小块蓝天，都表现出画家对颜色娴熟的运用能力。色彩在从灰到银的色阶中流畅、自由地流动，画面构图优美，留白也恰到好处。这幅《风暴》与瓜尔迪另一幅被私人收藏的尺寸较大的作品十分相似。

GLORIA IN EXCE
OMINIBV

米兰斯福尔扎古堡博物馆　参观指南

米兰斯福尔扎古堡博物馆

地址：米兰城堡广场（卡斯特罗广场）

电话：20100

垂询方式

电话：+00 39 02 88 46 37 00

开放时间

周一至周日：9：00 –17：30

古堡门票免费，古堡内博物馆除外

闭馆日

1 月 1 日、5 月 1 日、8 月 15 日、12 月 25 日

古堡内博物馆周一均闭馆

交通信息

公交车：43、50、57、58、61、70、94 路

地铁：1 号线（M1）Cadorna 站、Caioli 站

2 号线（M2）Cadorna 站、Lanza 站

有轨电车：1、3、4、12、14、20、27 路

导览服务

咨询信息请致电：+00 39 02 659 69 37

其他设施

书店

罗凯塔院

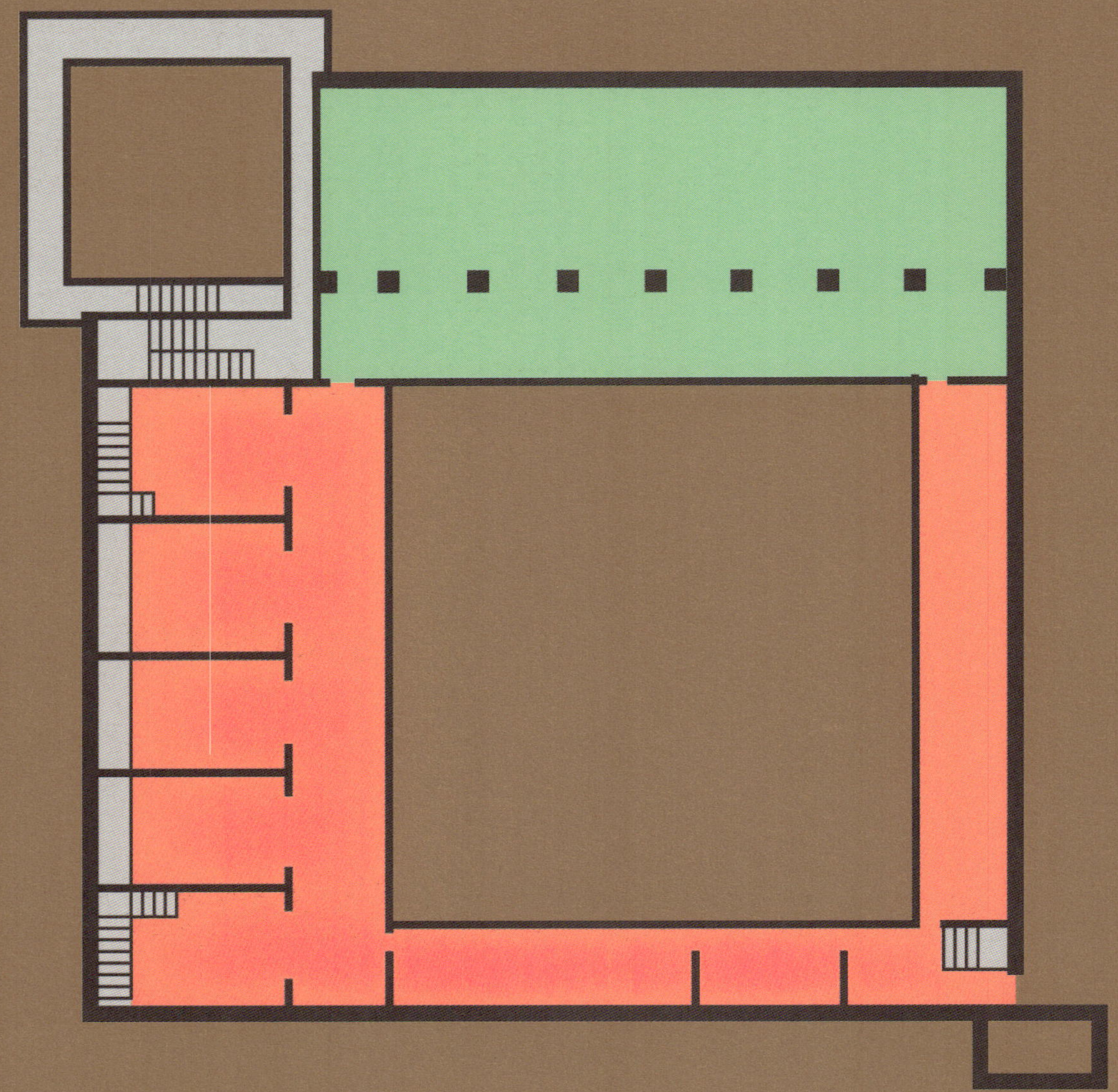

跳舞厅（《特里乌尔齐奥挂毯》）

应用艺术

底层

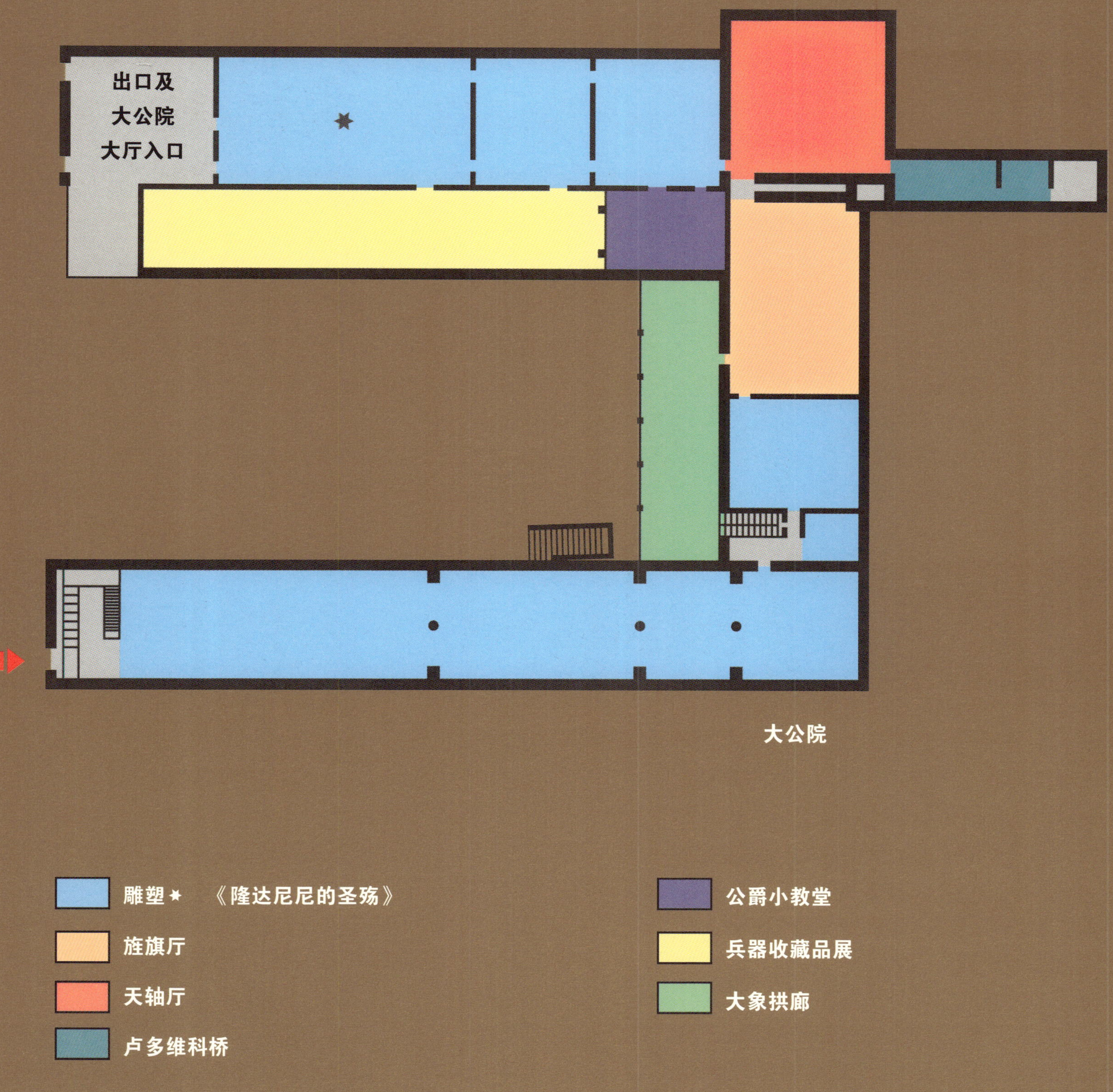

一层

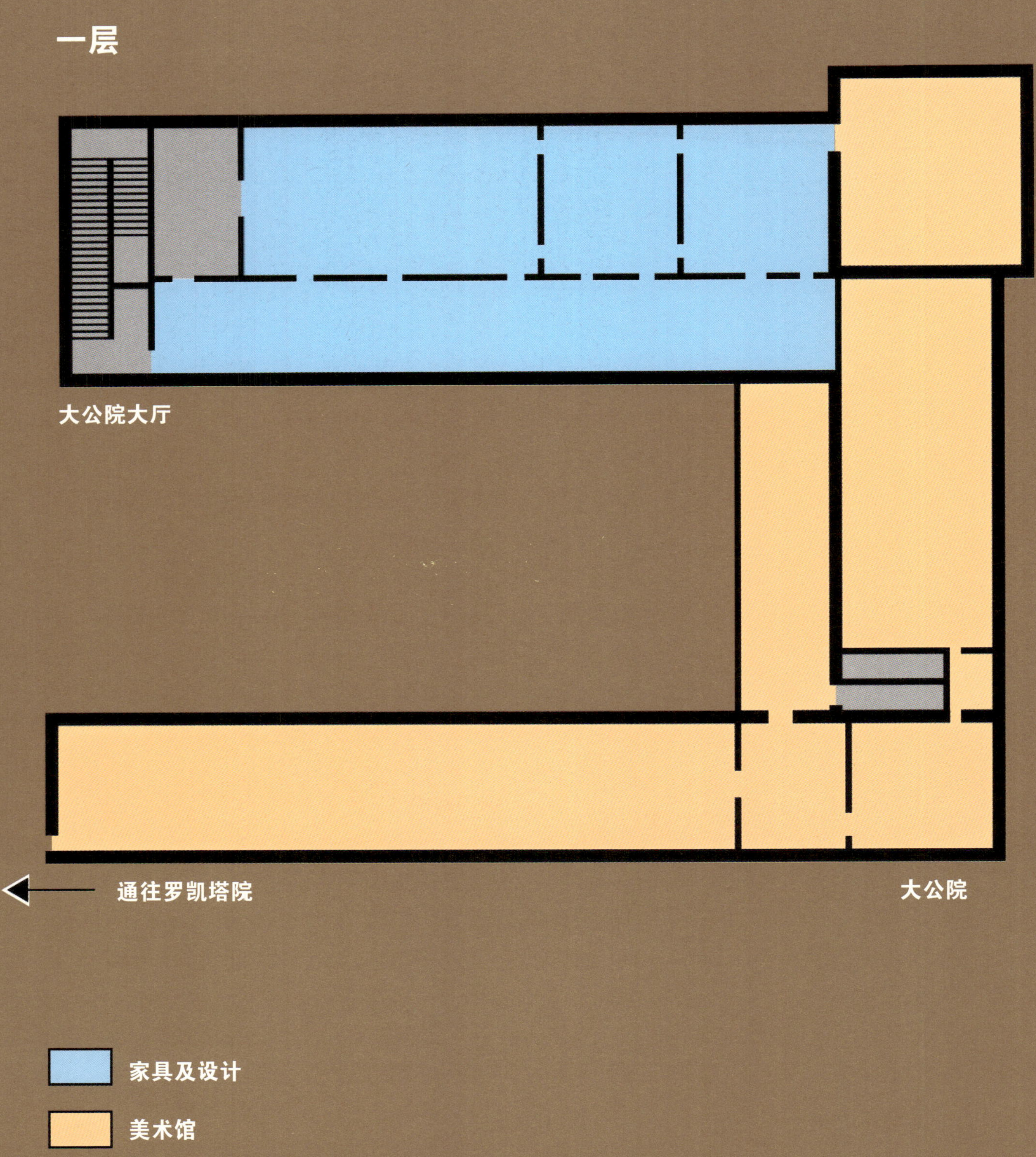

艺术家和作品索引

图书在版编目（CIP）数据

米兰斯福尔扎古堡博物馆 /（意）马蒂诺·阿斯托尔菲编著；钱璨译. —南京：译林出版社，2018.6
（伟大的博物馆）
ISBN 978-7-5447-7319-5

Ⅰ.①米… Ⅱ.①马… ②钱… Ⅲ.①博物馆－介绍－米兰 Ⅳ.①G269.546

中国版本图书馆CIP数据核字（2018）第057122号

米兰斯福尔扎古堡博物馆［意大利］马蒂诺·阿斯托尔菲 / 编著　钱璨 / 译

责任编辑　王振华
特约编辑　苑浩泰
装帧设计　灵动视线
校　　对　刘文硕
责任印制　贺　伟

出版发行　译林出版社
地　　址　南京市湖南路 1 号 A 楼
邮　　箱　yilin@yilin.com
网　　址　www.yilin.com
市场热线　010-85376701
排　　版　灵动视线
印　　刷　济南新先锋彩印有限公司
开　　本　960 毫米 × 1270 毫米　1/12
印　　张　14
版　　次　2018 年 6 月第 1 版　2018 年 6 月第 1 次印刷
书　　号　ISBN 978-7-5447-7319-5
定　　价　368.00元

Photo Reference

Archivio Fotografico delle Civiche Raccolte d'Arte / Immagini d'Arte - Saporetti, Milano
Per la Pietà Rondanini si ringrazia ©Abbrescia Santinelli per f2f studio, Roma
L'editore è a disposizione degli
aventi diritto per eventuali fonti
iconografiche non individuate.

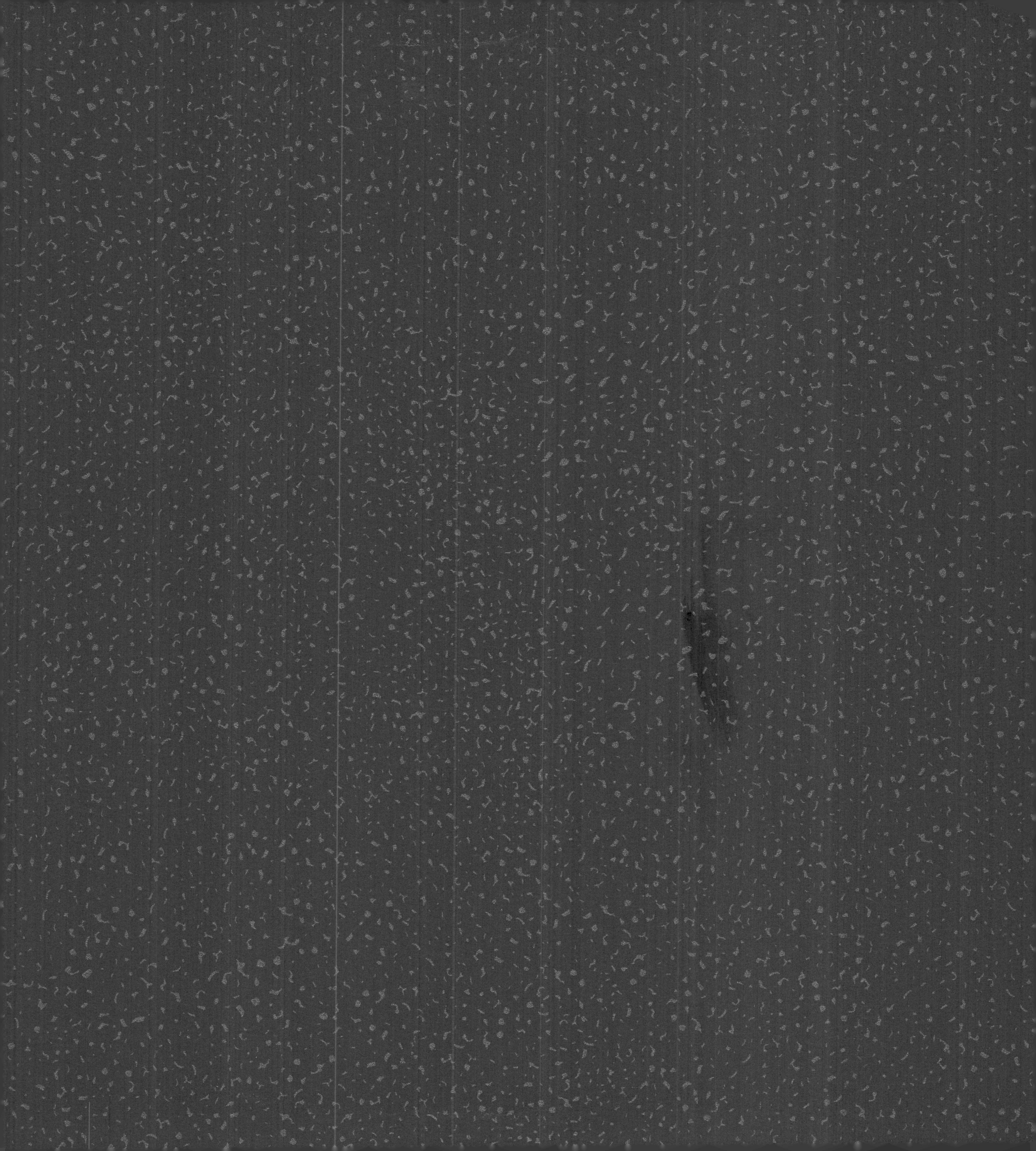